भाषा चिन्तन

हिन्दी

भाषा चिन्तन
हिन्दी

ए भाषा-वैज्ञानिक दृष्टिकोण

डॉ. सुरेन्द्र गम्भीर

वाणी प्रकाशन

वाणी प्रकाशन
4695, 21-ए, दरियागंज, नयी दिल्ली 110 002

फ़ोन : +91 11 23273167 फ़ैक्स : +91 11 23275710

शाखाएँ

अशोक राजपथ, पटना 800 004, बिहार

कॉफ़ी हाउस कैम्पस, महात्मा गांधी मार्ग, इलाहाबाद 211 001, उत्तर प्रदेश

महात्मा गांधी अन्तरराष्ट्रीय हिन्दी विश्वविद्यालय, वर्धा 442 001, महाराष्ट्र

सुल्तानिया रोड, मोतिया पार्क, भोपाल 462 001, मध्य प्रदेश

www.vaniprakashan.in
marketing@vaniprakashan.in
sales@vaniprakashan.in

BHASAH CHINTAN HINDI
by Dr. Surendra Gambhir

ISBN : 978-93-89012-94-1
Linguistics

प्रथम संस्करण 2007 (यू.एस.ए.)
आवृत्ति 2019

मूल्य : ₹ 300

सिटी प्रेस, दिल्ली-110 095 में मुद्रित

वाणी प्रकाशन का लोगो मक़बूल फ़िदा हुसेन की कूची से

प्रस्तावना

भाषा हर व्यक्ति की और हर समाज की एक शक्तिशाली सम्पत्ति है। सामाजिक और अन्तर्राष्ट्रीय संदर्भों में अपने विचारों को दूसरों तक पहुंचाने का यह एक अद्वितीय माध्यम है। कितनी कुशलता से, स्पष्टता से और कितनी बारीकी के साथ हम अपनी बात कह सकते हैं - इस परिप्रेक्ष्य में यह हमारे पूरे व्यक्तित्व का परिचायक बन जाती है। सामाजिक स्तर पर यह लोगों को एक दूसरे के साथ जोड़ती है। लोकतंत्र में यह लोगों को लोकतांत्रिक प्रक्रिया में सक्रिय भाग लेने के लिए वक्तृत्व प्रदान करती है और देश के ज्वलंत मुद्दों में विचारों के आदान-प्रदान के लिए गरीब अमीर, पढ़े-लिखे, कम पढ़-लिखे या अनपढ़ों को अपनी बात कहने का और सुने जाने का एक सशक्त अवसर प्रदान करती है। इस तरह से किसी भी सम्मानित राष्ट्र की अस्मिता के रूप में भाषा का एक महत्वपूर्ण और उपयोगी घटक के रूप में उभरना स्वाभाविक है।

बहुभाषिक समाजों में भाषा जैसे कई राष्ट्रीय मुद्दों पर समझौते करने पड़ते हैं। इस संदर्भ में किसी एक देशी या विदेशी भाषा को आपसी विचार-विनिमय के लिए अपनाना अनिवार्य हो सकता है। परन्तु विचारशील देश ऐसी स्थिति में बड़े ध्यान से और बड़े सुनियोजित ढंग से एक संतुलित भाषा नीति का क्रियान्वयन कर अनिवार्य और सीमित संदर्भों में ही दूसरी भाषा का आश्रय लेते हैं। किसी भी देश और प्रदेश की अस्मिता के लिए यह आवश्यक है कि अपनी स्थानीय भाषा सशक्त रहे और किसी बाहरी भाषा के मुकाबले में वह प्रत्यक्ष

या परोक्ष रूप से अपने ही घर में कम सम्मानजनक न हो जाए। अगर ऐसा होता है तो राष्ट्र की कमज़ोरी की निशानी है। भावनात्मक स्तर पर देश का सम्मान अपनी आंखों में और बाहर वालों की आंखों में कम हो जाता है। इसके अतिरिक्त व्यावहारिक स्तर पर लोगों का वक्तृत्व कमज़ोर हो जाता है क्योंकि जिस भाषा में वे प्रभावी ढंग से बोल सकते हैं उसमें बोलते नहीं और जिसमें बोलने की इच्छा करते हैं और लड़खड़ाते हुए भी प्रयत्न करते रहते हैं उसमें उनकी वक्तृत्व-शक्ति बड़ी सीमित होती है। यह दोहरी हानि किसी भी उदीयमान देश के लिए अच्छी नहीं है।

आशा है प्रस्तुत विचार भारत में भाषा-स्थिति को संतुलित बनाने में कुछ योगदान करेंगे। पाठकों से सविनय निवेदन है कि अपनी समालोचना अवश्य भेजें। सत्य तक पहुंचने का एक ही मार्ग है – समाज के सभी वर्गों का हित ध्यान में रखते हुए हम सद्भाव के साथ विचार-विनिमय की अविरल धारा बहाते रहें।

प्रस्तुत पुस्तक में कुछ लेख समय समय पर अमरीका देश से प्रकाशित और डॉ० भूदेव शर्मा द्वारा सम्पादित विश्व-विवेक में 1994 और 1997 के बीच छपे थे। डॉ० विजयकुमार मलहौत्रा जी के विचारों से समय समय पर लाभान्वित हुआ हू। इन दोनों महानुभावों को हृदय से धन्यवाद देता हूं।

- लेखक

विषय-सूची

1. भारतीय संविधान में हिन्दी और अन्य भारतीय भाषाएं

भारतीय संविधान के भाग सत्रह के अनुच्छेद 343 से 351 तक भारतीय संघ की राजभाषा और प्रादेशिक भाषाओं की चर्चा हुई है। अनुच्छेद 343 में तीन खंड हैं। पहले खंड में हिन्दी को भारत संघ की राजभाषा का स्थान दिया गया है। इस प्रसंग में उन्होंने यह स्पष्ट किया है कि भारत की राजभाषा हिन्दी की लिपि देवनागरी होगी। परिवर्तन-काल के दौरान देश का कामकाज सुचारु रूप से पूर्ववत् चल सके तथा अवसर के अनुकूल हिन्दी के प्रयोग को बढ़ावा दिया जा सके इसके लिए संविधान के दूसरे खंड में निर्माताओं ने दो बातें संविधान में और जोड़ दीं – पहली तो यह कि पन्द्रह वर्ष की अवधि तक उन सभी शासकीय कार्यों में अंग्रेज़ी का प्रयोग चलता रहे जिनके लिये यह पहले से चलता आ रहा था। दूसरी बात यह कि राष्ट्रपति को यह अधिकार होगा कि वे इस पन्द्रह वर्ष की अवधि के दौरान भी अपने आदेश के द्वारा अंग्रेज़ी के साथ साथ हिन्दी के प्रयोग को प्राधिकृत कर सकें। इस चर्चा के तुरंत बाद तीसरे खंड में इस बात की चर्चा है कि पन्द्रह वर्ष की अवधि समाप्त होने के बाद भी संसद अंग्रेज़ी के चलते रहने के लिए कानून पास कर सकती है।

अनुच्छेद 344 में राजभाषा आयोग के गठन और एक संसदीय समिति के गठन की बात की गई है। संविधान के

आरम्भ से 5 वर्ष बाद और संविधान के आरम्भ से 10 वर्ष बाद राष्ट्रपति के आदेश से एक राजभाषा आयोग का गठन होगा। राष्ट्रपति इस आयोग के कार्यों की परिसीमा निश्चित करेंगे और उसमें विभिन्न भारतीय भाषाओं के प्रतिनिधियों को नियुक्त करेंगे। यह आयोग राष्ट्रपति को हिन्दी, अंग्रेज़ी और विभिन्न प्रादेशिक भाषाओं के प्रयोग और आपसी संबंधों के बारे में अपनी सिफ़ारिशें देगा। इन सिफ़रिशों को करते समय आयोग के सदस्य भारत की औद्योगिक, सांस्कृतिक तथा वैज्ञानिक प्रगति का और लोकसेवा से संबंधित अहिन्दी-भाषी क्षेत्रों के व्यक्तियों के उचित दावों तथा हितों का ध्यान रखेगा। इस आयोग के अतिरिक्त तीस संसद सदस्यों की एक निर्वाचित प्रवर समिति बनाई जाएगी जो आयोग की सिफ़ारिशों पर विचार करेगी और राष्ट्रपति को अपनी राय प्रतिवेदित करेगी। इस प्रतिवेदन के आधार पर राष्ट्रपति अपना आदेश जारी कर सकेंगे।

अनुच्छेद 345 में प्रादेशिक स्थिति का वर्णन है। प्रांतीय विधान-मंडल किसी भी प्रादेशिक भाषा को या/और हिन्दी को शासकीय प्रयोजनों के लिए अपनी प्रांतीय भाषा घोषित कर सकेगा। जब तक प्रांतीय विधान-मंडल किसी प्रादेशिक भाषा की व्यवस्था नहीं करता तब तक अंग्रेज़ी का प्रयोग जारी रहेगा। अनुच्छेद 347 के अन्तर्गत राष्ट्रपति को यह अधिकार होगा कि वे लोगों की मांग पर किसी भी प्रादेशिक भाषा को कुछ शासकीय संदर्भों में प्रयोग के निमित शासकीय मान्यता देने के लिये आदेश जारी कर सकेंगे। अनुच्छेद 346 के अन्तर्गत केन्द्र सरकार में प्रचलित (अंग्रेज़ी या हिन्दी) दो राज्य-सरकारों के बीच और राज्य और केन्द्र सरकार के बीच पत्र-व्यवहार का माध्यम होगी।

अनुच्छेद 348 में उच्चतम न्यायालय और उच्च न्यायालयों में और अधिनियमों, विधेयकों आदि के लिये प्रयोग की जाने वाली भाषा की चर्चा की गई है। इस व्यवस्था के अनुसार उच्चतम न्यायालय और उच्च न्यायालयों में सभी कार्यवाहियां अंग्रेज़ी में होंगी। इसी प्रकार संसद और राज्यमंडलों के सभी अधिनियम, आदेश और राष्ट्रपति व राज्यपालों द्वारा प्रख्यापित अध्यादेशों के प्राधिकृत पाठ अंग्रेज़ी में होंगे। राज्यों के राज्यपाल राष्ट्रपति की सहमति से उच्च न्यायालय में हिन्दी या किसी अन्य प्रादेशिक भाषा का प्रयोग प्राधिकृत कर सकेंगे।

पिछले अनुच्छेद ने प्राधिकृत संविधान के आरम्भ से 15 वर्षों के बाद अंग्रेज़ी भाषा के प्रयोग को बदलने की व्यवस्था थी। अनुच्छेद 349 ने अंग्रेज़ी भाषा को बदलने का यह अधिकार संसद-सदस्यों से छीन लिया। इसके अनुसार अनुच्छेद 348 द्वारा प्रधिकृत भाषा को बदलने के लिये कोई प्रस्ताव या संशोधन राष्ट्रपति की अनुमति के बिना संसद में नहीं रखा जाएगा। वास्तव में राजभाषा अधिनियम 1963 को पास करके संसद ने अंग्रेज़ी को बदल देने का अधिकार अपने से सदा के लिये छीन लिया। इस अधिनियम के अनुसार जब तक एक भी भारतीय राज्य अंग्रेज़ी को हटाने के विरोध में रहेगा तब तक अंग्रेज़ी को नहीं हटाया जा सकेगा।

अनुच्छेद 350 में भाषाई अल्पसंख्यक वर्गों के लिए उनके हितों के रक्षण और संवर्धन के उपायों की चर्चा है। इसके अनुसार प्रत्येक व्यक्ति राज्य में प्रयुक्त किसी भी भाषा में अपना अभ्यावेदन दे सकता है। भाषाई अल्पसंख्यक वर्गों के बच्चों को प्राथमिक शिक्षा मातृभाषा में देने के लिए स्थानीय अधिकारी यथासंभव व्यवस्था करेंगे। इसके अतिरिक्त

राष्ट्रपति द्वारा नियुक्त एक विशेष अधिकारी होगा जो भाषाई अल्पसंख्यक वर्गों के हितों के लिये खोजबीन करेगा और राष्ट्रपति को अपनी सिफ़ारिशें देगा।

अंतिम अनुच्छेद 351 है जिसमें हिन्दी भाषा के विकास के लिये विशेष निदेश जारी किये गए हैं। इसके अनुसार भारतीय संघ का यह कर्तव्य होगा कि वह हिन्दी भाषा का प्रसार बढ़ाए जिससे वह भारत की सामासिक संस्कृति के तत्वों का वहन कर सके। आठवीं अनुसूची में निर्दिष्ट अन्य भाषाओं के रूप, शैली और पदों को हिन्दी भाषा आत्मसात् करे और आवश्यकता के अनुसार अपने शब्द-भंडार की समृद्धि के लिये मुख्यतः संस्कृत से और गौणतः अन्य भाषाओं से नए शब्द ग्रहण करे।

संविधान की आठवीं अनुसूची में मूलतः चौदह भाषाओं को सम्मिलित किया गया था। वे भाषाएं थीं – असमिया, बंगला, गुजराती, हिन्दी, कन्नड़, कश्मीरी, मलयालम, मराठी, उड़िया, पंजाबी, संस्कृत, तमिल, तेलगू और उर्दू। 1967 में इस सूची में सिंधी को भी सम्मिलित कर लिया गया और इस प्रकार अनुसूचित भाषाओं की कुल संख्या मिलाकर पन्द्रह हो गई। 1992 में इस सूची में तीन और भाषाओं को जोड़ दिया गया। ये भाषाएं हैं – कोकंणी, नेपाली और मणिपुरी। 1993 में चार और भाषाओं को आठवीं अनुसूची में सम्मिलित किया गया। ये भाषाएं हैं – बोडी, संथाली, मैथिली और डोगरी। भविष्य में और भाषाएं इसमें जोड़ी जाएंगी इस संभावना से इनकार नहीं किया जा सकता। इन वर्तमान भाषाओं में कश्मीरी, संस्कृत, सिंधी, कोंकणी, नेपाली और मणिपुरी किसी भी प्रान्त की राजभाषा नहीं हैं। कश्मीर में कश्मीरी-भाषियों का बाहुल्य होने के बावजूद वहां की राजभाषा

उर्दू है और इसी प्रकार मणिपुर में मणिपुरी-भाषियों का बाहुल्य होने के बावजूद वहां की राजभाषा अंग्रेज़ी है। नेपाली नेपाल की राजभाषा ज़रूर है पर भारत के किसी भी प्रान्त की राजभाषा नहीं है।

इस संवैधानिक स्थिति की समीक्षा में कई प्रश्न खड़े होते हैं – संविधान के अनुसार अंग्रेज़ी का स्थान क्या है विशेषकर जब उसका उल्लेख अनुसूचित भाषाओं में नहीं है ? हिन्दी को राष्ट्रभाषा कहना चाहिए या राजभाषा ? हिन्दी की समृद्धि की दिशा क्या होनी चाहिए और क्या है ? संविधान के निर्देशानुसार भारतीय संघ की सरकार ने हिन्दी के प्रसार के लिये और हिन्दी को अखिल भारतीय रूप देने के लिये क्या क्या कदम उठाए है?

2. भारतीय भाषाओं में भाषा-द्वैत

विश्व की अनेक भाषाएं ऐसी हैं जिनमें भाषा-प्रयोग की दो धाराएं होती हैं – एक अनौपचारिक धारा और दूसरी औपचारिक धारा। दूसरे शब्दों में इसका अर्थ यह है कि भाषा की अनौपचारिक शैली और औपचारिक शैली में प्रायः कुछ न कुछ भेद रहता है। कुछ भाषाओं में यह भेद केवल शब्दावली तक सीमित होता है और कुछ भाषाओं में यह भेद शब्दावली और व्याकरणिक सीमा तक पहुंच जाता है। भारत की लगभग सभी भाषाओं में इस भाषा-द्वैत का कोई न कोई रूप पाया जाता है। तमिल में अनौपचारिक शैली और औपचारिक शैली में अनेक प्रकार के शब्दगत तथा व्याकरणिक अंतर हैं। बंगला की भी यही स्थिति है। तमिल और बंगला में तो इन दो शैलियों के भिन्न भिन्न नाम भी हैं। तमिल में इन शैलियों को क्रमशः चेन्दामिळ और कोडुइदंतमिळ कहते हैं और बंगला में इन्हें चलित भाषा और साधु भाषा कहते हैं। हिन्दी में इन विभिन्न शैलियों के विशिष्ट नाम नहीं हैं। परन्तु अपना तात्पर्य स्पष्ट करने के लिए हिन्दी-भाषी औपचारिक शैली को कभी ऊंची हिन्दी तो कभी अच्छी हिन्दी बोल देते हैं या फिर उसे गूढ हिन्दी या संस्कृतनिष्ठ हिन्दी कहकर अपना अभिप्राय स्पष्ट करते हैं।

यह भाषा-द्वैत भाषा के बोलने वालों के जीवन के अनेक व्यवहार-क्षेत्रों को प्रभावित करता है। औपचारिक

शब्दावली या औपचारिक शैली का ज्ञान सहज नहीं होता। यह प्रयत्नसाध्य होता है। इसलिये शिक्षा, व्यावसायिक जीवन और जीवन की अनेकानेक औपचारिक स्थितियों के लिये भाषा-द्वैत कई प्रकार का निहितार्थ रखता है। औपचारिक शब्दावली या औपचारिक शैली में प्रवीणता होने या न होने के कई परिणाम देखने को मिलते हैं। इस लेख में हिन्दी-भाषियों के संदर्भ में इस भाषा-द्वैत की स्थिति के कुछ पक्षों पर आइए विचार करें

हिन्दी में भाषा-द्वैत की सत्ता बड़ी स्पष्ट है। हिन्दी में व्याकरणिक भेद बहुत कम हैं परन्तु हिन्दी की दोनों शैलियों में प्रयुक्त होने वाली शब्दावली में भेद बहुत अधिक हैं। जिस भाषा का प्रयोग हम रसोई में खड़े होकर अपने सगे संबंधियों और पड़ोसियों के साथ बातचीत में करते हैं वैसी भाषा का प्रयोग हम किसी व्यावसायिक, सामाजिक या राजनीतिक गोष्ठी में प्रायः नहीं करते। उदाहरण के लिये इसी लेख का कोई हिस्सा ले लीजिए। विचार कीजिए कि अगर इस लेख में प्रस्तुत भावों के बारे में आप किसी के साथ अनौपचारिक बातचीत कर रहे हैं तो कैसी भाषा का प्रयोग करेंगे। उदाहरण के लिये इस लेख का पहला अनुच्छेद ही लीजिए। इस अनुच्छेद को दो बार अलग अलग तरीके से उसका भावानुवाद करते हुए पढ़िए। पहली बार आम बोलचाल की भाषा में इसके भावों को स्पष्ट कीजिए। दूसरी बार यह प्रयत्न कीजिए कि अंग्रेज़ी के शब्द आपके भावानुवाद में न आएं या फिर कम से कम आएं। आपके इस प्रयोग मात्र से ही आपको भाषा-द्वैत की दो शैलियों का भेद स्वतः स्पष्ट हो जाएगा।

अनौपचारिक शब्दावली को तो हर व्यक्ति अपनी मातृभाषा के रूप में या फिर लोकव्यवहार की भाषा के रूप में घर पड़ोस से ही सीख लेता है परन्तु औपचारिक शब्दावली या

औपचारिक शैली परिश्रम-साध्य होती है। उसे सीखने के लिये औपचारिक शिक्षा की आवश्यकता होती है। जो लोग औपचारिक शिक्षा के माध्यम से हिन्दी के घनिष्ठ संपर्क में नहीं आते उनका औपचारिक हिन्दी पर अधिकार नगण्य या फिर अधूरा रह जाता है। अनौपचारिक और औपचारिक शैलियों के कुछ लहज़े का फ़र्क भी होता है और कुछ शैलीगत भेद भी होता है परन्तु प्रधान भेद शब्दों का है।

संदर्भों की आवश्यकताओं के अनुसार हमें अलग प्रकार के शब्दों की ज़रूरत होती है। उदाहरण के लिये अनौपचारिक संदर्भों में *वार्तालाप* के स्थान पर *बातचीत*, *आवश्यकता* के लिये *ज़रूरत*, *प्रयोग* के लिये *इस्तेमाल*, *उदाहरण* के लिये *मिसाल*, *गोष्ठी* के लिये *मीटिंग*, *गतिविधि* के लिए संदर्भ के अनुसार कभी *बात*, तो कभी *कामकाज*, तो कभी अंग्रेजी का *ऐक्टीविटीज़* शब्द चलता है। इसी प्रकार *संदर्भ* शब्द का प्रयोग करना हो तो जहां कम पढ़ा लिखा व्यक्ति कभी *मौका* बोल देता है तो वहां पढ़ा लिखा व्यक्ति अंग्रेज़ी के *कान्टेक्स्ट* शब्द का प्रयोग करता है। परन्तु औपचारिक स्थितियों में जिन शब्दों का प्रयोग हिन्दी-भाषी करते हैं वे शब्द या तो सीधे संस्कृत से आए हैं या फिर अंग्रेज़ी से। इसके विपरीत अनौपचारिक संदर्भों में जिन शब्दों का प्रयोग होता है वे शब्द हैं जो बोलचाल की भाषा में घुलमिल चुके हैं। ऐसे शब्द या तो संस्कृत से आए तद्भव शब्द हैं या फिर वे उर्दू से या अंग्रेज़ी से आ कर हिन्दी में आत्मसात् हो गए हैं। यहां एक बात और स्पष्ट कर देनी आवश्यक है कि हिन्दी क्षेत्र में ज्यों ज्यों हम पूरब की ओर बढ़ते हैं त्यों त्यों बोलचाल की भाषा में संस्कृत-निष्ठ हिन्दी शब्दों का प्रयोग बढ़ने लगता है। इस प्रकार पूरबी हिन्दी क्षेत्रों में भाषा-द्वैत की दो शैलियों का

फ़ासला कुछ कम हो जाता है। बाकी क्षेत्रों में ज्यों ज्यों हिन्दी की शिक्षा और हिन्दी के व्यवहार का स्तर बढ़ेगा त्यों त्यों भाषा-द्वैत की दो शैलियों का अंतर धीरे धीरे कम होता जाएगा।

सार-रूप में बात कहनी हो तो कहा जा सकता है कि भाषा-द्वैत की स्थिति हिन्दी-भाषियों के लिये इस प्रकार है – अनौपचारिक संदर्भों में हिन्दी-अंग्रेज़ी और स्थानीय बोलियों का एक मिलाजुला रूप प्रयुक्त होता है। इसके विपरीत औपचारिक संदर्भों में संस्कृतनिष्ठ हिन्दी या फिर मात्र अंग्रेज़ी का प्रयोग होता है। औपचारिक संदर्भों में हिन्दी का प्रयोग धार्मिक तथा सांस्कृतिक चर्चाओं तक ही प्रायः सीमित है। बाकी के औपचारिक क्षेत्रों में व्यावसायिक, शैक्षिक, राष्ट्रीय और अन्तर्राष्ट्रीय क्षेत्र आते हैं जिनमें अंग्रेज़ी का प्रयोग बढ़ चढ़ कर होता है।

3. भाषा के तीन प्रकार्य

भाषा के तीन प्रकार्यों की कल्पना की जा सकती है – भाषा मानव के बीच एक दूसरे के साथ व्यवहार का माध्यम है। दूसरा, भाषा किसी विशिष्ट समुदाय को संगठित करने के लिये एक प्रतीक का काम करती है। भाषा का तीसरा प्रकार्य है कि वह अपने भाषा-भाषियों के भावात्मक संबंध और उनकी अस्मिता का भरण-पोषण करती है।

इन तीनों में एक दूसरे के साथ व्यवहार भाषा का सबसे महत्वपूर्ण प्रकार्य है। भाषा के माध्यम से हम प्रतिदिन एक दूसरे के साथ विचारों का आदान-प्रदान करते हैं। दैनन्दिन भाषा के रूप में भाषा एक कला भी है और एक सामाजिक शक्ति भी। भाषा पर पूरा नियन्त्रण न हो तो पढ़े लिखे समाज में और अपने व्यवसाय में आगे बढ़ने में बड़ी दिक्कत होती है। भाषा एक जादू भी है जिसकी सहायता से लोग एक दूसरे को मोह लेते हैं। इस संदर्भ में उचित स्थान पर उचित व्यक्ति के साथ उचित प्रसंग पर उचित भाषा का प्रयोग अपने आप में एक शक्ति से कम नहीं। भाषा के इस प्रकार्य के चार पक्ष हैं – बोलना, समझना, पढ़ना और लिखना। यह आवश्यक नहीं कि जो व्यक्ति एक पक्ष में दक्ष हो वह दूसरे पक्षों पर भी समान अधिकार रखता हो। इन चारों पक्षों में प्रवीणता प्राप्त करना चार कलाओं में दक्ष होने के समान है। इन चारों में अपने बचपन में सीखी भाषा में बोलना और दूसरे की बात को

समझना कुछ न कुछ मात्रा में तो सभी प्राणी अनायास ही सीख जाते हैं पर पढ़ना और लिखना श्रम-साध्य है। भाषा के इन सभी पक्षों को प्रवीणता की उच्च सीमा और कला के स्तर तक पहुंचाना एक दूसरी बात है। इन विभिन्न पक्षों में जिसका जितना अधिक प्रावीण्य हो वह उतनी ही अधिक मात्रा में समाज में प्रगति कर सकता है।

अपने दूसरे प्रकार्य के रूप में भाषा एक सामाजिक बल है। आवश्यकता के अनुसार व्यक्ति दूसरी भाषाएं भी सीख लेता है। उन भाषाओं का ज्ञान सामाजिक और बौद्धिक प्रगति में सहायक होता है। परन्तु बचपन से सीखी भाषा ही प्रधान रूप से व्यक्ति के विचार-वहन का काम करती है। इसी प्रधान भाषा में विचारों की बारीकियों का अभिव्यक्ति हो पाती है। इसी प्रधान भाषा के बोलने वालों के बीच स्वाभाविक निकटता बढ़ती है। एक ही भाषा-भाषी समुदाय के सदस्यों के बीच मित्रता जल्दी पनपती है। ऐसे लोगों में परिवारों का मिलन, मिल कर खाना-पीना, हंसी-मज़ाक, विचार-विमर्श, वाद-विवाद सहज प्रवृत्तियां हैं।

भाषा के आधार पर समुदाय-निर्माण की यह प्रवृत्ति भारत से बाहर बसे भारत-वंशजों में अधिक स्पष्टता के साथ उभर कर आई है। कुल मिला कर हिन्दी-भाषी हिन्दी-भाषियों के साथ, गुजराती-भाषी गुजरातियों के साथ, मलयाली-भाषी मलयालियों के साथ, पंजाबी-भाषी पंजाबियों के साथ अधिक घुल-मिल कर रहते हैं। भारत में भाषा के आधार पर राज्यों का पुनर्गठन जो हुआ उसका आधार भी यही था कि लोगों का स्वाभाविक सामुदायीकरण हो ताकि क्षेत्रीय संस्कृतियों का विकास हो सके। इसी सामाजिक अभिव्यक्ति का लाभ राजनैतिक दृष्टि से भी उठाया जाता है। भारत में, बेल्जियम में, कनाडा में भाषा को लेकर हुए झगड़ों में भाषा और

राजनैतिक कारण संनिहित रहे हैं। ऐसी स्थिति में भाषा एक नारा बन जाता है। यह नारा किसी एक राष्ट्र को संगठित करने के लिये भी प्रयुक्त किया जाता है और यही नारा किसी एक राष्ट्र को दूसरे भाषा-भाषियों के समुदाय से तोड़ने के लिये भी लगाया जा सकता है।

तीसरा पक्ष है सांस्कृतिक धरोहर और अस्मिता का। इस रूप में भाषा एक थाती के रूप में देखी जा सकती है। यह थाती उस भाषा की व्यावहारिक उपयोगिता समाप्त हो जाने के बावजूद भी बनी रह सकती है। यह मानव और भाषा के बीच एक भावात्मक संबंध है। आज ईसाई धर्म में लैटिन और भारत में कुछ मात्रा तक संस्कृत की यही स्थिति है। अपने मूल देश से बाहर बसे प्रवासियों में अपनी सांस्कृतिक भाषा के प्रति बचा प्रेम इसी सांस्कृतिक निष्ठा का परिचायक है। अमरीका में विभिन्न देशों से आकर बसे प्रत्येक समुदाय के इतिहास से यह बात स्पष्ट है कि भाषा का प्यार अधिकांश सदस्यों को शुरू की कुछ पीढ़ियों तक झकझोरता रहा। अमरीका में बसे भारत-वंशज भी भाषा का संरक्षण चाहते हैं। कारण स्पष्ट है कि शुरू की पीढियों में उसकी व्यावहारिक उपयोगिता भी है और उसके साथ जुड़ी उसकी अस्मिता भी। भाषा सांस्कृतिक उपकरणों में से एक महत्वपूर्ण उपकरण है। उसके संरक्षण का प्रयत्न स्वाभाविक ही है।

भाषा के ये तीनों रूप सार्वभौमिक हैं। सभी भाषा-वर्ग किसी न किसी मात्रा में इन तीनों पक्षों से प्रभावित रहते हैं। भारत में बोलचाल की हिन्दी एवं उर्दू के बीच भाषागत दूरी तो नहीं के समान थी परन्तु राजनैतिक कारणों से और उनके बोलने वालों की अस्मिता में भेद होने के कारण वे दो अलग अलग भाषाएं मानी जाने लगीं। भूतपूर्व यूगोस्लाविया में सर्बियन और क्रोएशन में भाषागत निकटता होने के बावजूद भी राजनैतिक और अस्मिता भेद विभाजन का कारण बना। आज कनाडा में अंग्रेज़ी और फ़्रेंच भाषी समुदायों में तनाव का

कारण अस्मिता-भेद और राजनैतिक महत्वाकांक्षाएं हैं। इसके विपरीत स्विटज़रलैंड में जर्मन, फ्रेंच और इटालियन नामक तीन प्रमुख भाषाओं का अस्तित्व अलग अलग होने के बावजूद भी राष्ट्रीय ऐक्य बना हुआ है। कारण है कि वहां के अलग-अलग भाषा समुदायों की राजनैतिक महत्वाकांक्षाओं में भेद नहीं है। भारत में मानक हिन्दी, राजस्थानी, अवधी, भोजपुरी मगही आदि के बोलने वाले हमेशा एक दूसरे की बात नहीं समझ पाते परन्तु फिर भी ये सब मानक हिन्दी की बोलियों के रूप में स्वीकार की जाती हैं। कारण स्पष्ट है कि भाषागत भेद होते हुए भी उनके बोलने वालों की अस्मिता और राजनैतिक महत्वाकांक्षाओं में कोई विभाजन रेखा नहीं है।

इसके अतिरिक्त विभिन्न भाषा-वर्ग जब एक दूसरे के संपर्क में आते हैं तो अनेक प्रकार के प्रभाव एक दूसरे पर डालते हैं। इन प्रभावों के परिणामस्वरूप भाषाओं के रूप बदल जाते हैं – भाषाओं में कई प्रकार का सम्मिश्रण हो जाता है, भाषा-भाषियों की सामाजिक प्रतिष्ठा में अंतर के कारण उनका भाषाओं की प्रतिष्ठा में भी अपेक्षाकृत अंतर आ जाता है, भाषाएं धीरे धीरे लुप्त या लुप्तप्राय भी हो जाती हैं। मानव-इतिहास में ऐसे उदाहरण नितांत सीमित हैं जहां मृत या मृतप्राय भाषा पुनर्जीवित हो गई हो। इस्राइल में हिब्रू का पुनर्जीवन मानव-इतिहास की एक अभूतपूर्व घटना है। भारत में आजकल संस्कृत को लोकव्यवहार में पुनरपि प्रतिष्ठापित करने के लिये कुछ प्रयत्न जारी हैं। परन्तु मानव इतिहास में अनुभव-सिद्ध यही निष्कर्ष है कि प्रायः भाषाएं ह्रास के बाद पुनः व्यावहारिक भाषा के रूप में नहीं लौटतीं।

4. मानक हिन्दी और उसकी प्रादेशिक बोलियां

मानव समाज प्रायः छोटे छोटे वर्गों में पलता है। कारण स्पष्ट है क्योंकि छोटे छोटे वर्गों में ही हमारी अस्मिता सुरक्षित रहती है। इस प्रकार के वर्ग प्रादेशिक भी होते हैं और सामाजिक भी। एक समय पर व्यक्ति कई वर्गों का सदस्य हो सकता है परन्तु एक वर्ग में उसकी सदस्यता आधारभूत होती है। उस वर्ग के अन्दर ही अधिकांश व्यवहार होने के कारण उस वर्ग के सदस्यों में आचार-व्यवहार की दृष्टि से कुछ विशिष्टताओं का उदय होता है। इन्हीं आचार-व्यवहार की विशिष्टताओं को हम उस वर्ग की संस्कृति कह सकते हैं या फिर पूरे समाज की सामासिक संस्कृति की तुलना में उसे उपसंस्कृति कह सकते हैं। भाषा भी इसी वर्ग-निष्ठ संस्कृति या उपसंस्कृति का एक अंग है।

जो भाषा एक विस्तृत क्षेत्र में बोली जाती है उस भाषा में प्रादेशिक विशिष्टताएं बोलियों का रूप धारण कर लेती हैं। किसी भौगोलिक बाधा के कारण जहां जहां लोगों का एक दूसरे के साथ एकरस होने में व्यवधान पैदा होता है वहीं वहीं नई बोली का जन्म होता है। इन प्रादेशिक विशिष्टताओं के पीढ़ी-दर-पीढ़ी बने रहने के लिये यह आवश्यक है कि इन क्षेत्रों की जनसंख्या अधिकांश मात्रा में स्थायी हो और उनमें जनसंख्या का आयात-निर्यात ज़्यादा न हो। इसी लिये

हिन्दुस्तान के गांवों और छोटे शहरों में एक ही भाषा या बोली का बोलबाला होता है। इसके विपरीत दिल्ली, बंबई, कलकत्ता जैसे महानगरों के सन्दर्भ में किसी एक प्रादेशिक बोली की बांत करना असम्भव है। कारण स्पष्ट है कि इन महानगरों की जनसंख्या बहुत परिवर्तनशील होती है और वह विभिन्न प्रदेशों से आए लोगों का एक समुदाय मात्र होती है। भाषा और बोली की इस सामान्य स्थिति के संदर्भ में आइए हम इसी सामान्य स्थिति को ध्यान में रख कर हिन्दी और उसकी प्रादेशिक बोलियों के बारे में विचार करें।

भारत में सात प्रान्त हिन्दी-भाषी माने जाते हैं – उत्तरप्रदेश, उत्तराखंड, बिहार, झारखंड, मध्यप्रदेश, राजस्थान और हरियाणा। इन प्रान्तों में जो बोलियां बोली जाती है उन बोलियों में और मानक हिन्दी में भाषिक संबंध क्या हैं ? दूसरी विचारणीय बात है कि उन बोली-भाषियों की प्राथमिक अस्मिता अपनी बोली के साथ है अथवा मानक हिन्दी के साथ अथवा फिर दोनों के साथ?

हिन्दी की प्रादेशिक बोलियों में राजस्थानी राजस्थान में बोली जाती है। उत्तराखंड के पहाड़ी इलाके में गढ़वाली, कमाऊँनी, नेपाली बोली जाती है। पश्चिमी उतर प्रदेश में ब्रज, कन्नौजी और बुन्देली बोली जाती है और मेरठ के आसपास कौरवी का प्रचलन है। पूर्वी उत्तरप्रदेश, बिहार, झारखंड और मध्यप्रदेश के आंचलिक क्षेत्रों में अवधी, बघेली, भोजपुरी, मगही और मैथिली बोली जाती है। इसी प्रकार हरियाणा में बांगड़ू का प्रयोग होता है। मानक हिन्दी कौरवी पर आधारित है। इसके आगे हर बोली की कई उपबोलियां हैं, जैसे राजस्थानी के अन्तर्गत मेवाड़ी, मेवाती, जयपुरी, हरउती और मालवी है, और भोजपुरी के अन्तर्गत पश्चिमी भोजपुरी, दक्षिणी भोजपुरी, और सदानी का प्रयोग है। इन बोलियों में शब्दावली

का अन्तर भी है परन्तु उससे भी बड़ा अन्तर व्याकरणिक स्तर पर है। इन अन्तरों का परिणाम है कि इन बोलियों के बोलने वाले दूसरी बोलियों को पूरी तरह नहीं समझते। वास्तविकता कुछ ऐसी है कि भौगोलिक दृष्टि से जो बोली जितनी दूर की होती है उसे समझने में उतनी ही ज़्यादा कठिनाई होती है।

संसार की अनेकानेक भाषाओं का अपनी प्रादेशिक बोलियों के साथ संबंध बड़ा सीधा है। उदाहरण के लिये हम अमरीका देश में बोली जाने वाली अंग्रेज़ी को लेते हैं। अधिक स्पष्टता के साथ उत्तर और दक्षिण की बोलियों में अन्तर उभर कर आता है। सबसे सुस्पष्ट अन्तर उच्चारण और वाक्यगत अनुतान का है। कुछ शब्दों का प्रयोग भी अलग है। उत्तर-दक्षिण के भेद के अलावा न्यूयॉर्क, फ़िलाडेल्फ़िया, बॉस्टन, केप कॉड, मार्थास विनियर्ड आदि में स्थान-भेद के कारण भाषा-भेद का उल्लेख किया जा सकता है। भाषा-भेद होने के बावजूद भी लोगों को एक दूसरे की बात समझने में प्रायः कठिनाई नहीं होती। परन्तु हिन्दी जगत की स्थिति इससे भिन्न है। क्या मानक हिन्दी के बोलने वाले निम्नलिखित गद्यांशों को समझने में समर्थ हैं?

(क) एगो सूम अपन सब धन-सम्पत् बेच के सोना कीनलई, अवर ओकूरा गला के ईंटा नियर बना के धरती में गाड़ के रोज ओकरा पहरा दे हलई। (मगही)

(ख) रजा के बाबी नहाने आई ऊ देखस। तब दोना में सोने के बार रहै। तब घर में आई कर कहेस की जेकर बार सोना के है अ माई कस त होई। ओही में साथ ब्याह होई। (अवधी)

(ग) एक बेर बास्माय ओर बीरन बैठे हते। बास्माय ने बीरन से पूछी कै पेट कौन को बड़ौ है। तब बीरन ने कही कि महाराज जाकौ जैसे डौल ताकौ तैसौ पेट। (बुन्देली)

(घ) एएक जणा रे बे डीकरा हता। वणां मेम ती लोरो डीकरो आपरा बाप ने कियो भाबा जी मारी पांती तो माल आवे जको मने बंटवार करेने द्यो। (मारवाड़ी)

यदि केवल भाषा की दृष्टि से देखें तो इन सब को अलग अलग भाषाएं ही मानना पड़ेगा। परन्तु भाषा के संदर्भ में सामाजिक तथ्य बड़े बलवान होते हैं। उपर्युक्त सभी बोलियों में भाषिक दूरी होते हुए भी उनके भाषाभाषी उन्हें मानक हिन्दी भाषा का अभिन्न अंग मानते हैं। केवल इतना ही नहीं बल्कि मानक हिन्दी को अपने औपचारिक संदर्भों में उचित स्थान देते हैं। इस प्रकार बोली और मानक हिन्दी का मिलाजुला रूप ही उनके जीवन की वास्तविक स्थिति का प्रतिनिधित्व करता है। लोगों के जीवन में स्थानीय बोली और मानक हिन्दी में कोई विरोध उत्पन्न नहीं होता। अनौपचारिक संदर्भों में प्रायः स्थानीय बोली का प्रयोग होता है और औपचारिक संदर्भों में मानक हिन्दी का। भारतीयों के समन्वयवादी दृष्टिकोण का यह एक सुन्दर उदाहरण है।

यद्यपि मानक हिन्दी को बोलने वाले सभी लोग सब बोलियों को न समझें परन्तु प्रादेशिक बोलियों के बोलने वाले सभी लोग मानक हिन्दी समझते हैं। कारण स्पष्ट है – हिन्दी का प्रयोग व्यापक है और समाज में आगे बढ़ने में सहायक है। शिक्षा का माध्यम होने के कारण और सामाजिक प्रतिष्ठा की वाहिका होने के कारण हिन्दी स्थानीय बोलियों को भी धीरे धीरे प्रभावित कर रही है। परन्तु इसमें कोई संदेह नहीं कि दोनों में संबंध सह-अस्तित्व और एक दूसरे को पोषित करने का है, विरोध का नहीं।

5. हिन्दी और उर्दू

प्रश्न यह है कि हिन्दी और उर्दू दो अलग भाषाएं हैं या एक ही भाषा के दो नाम हैं?

दोनों ही तरफ़ तर्क दिए जा सकते हैं। उद्गम की दृष्टि से दोनों भारत में जन्मी भारतीय आर्य भाषाएं हैं। व्याकरणिक दृष्टि से तो दोनों में अन्तर नही है। रोज़मर्रा के जीवन से संबंध रखने वाले लगभग सत्तर प्रतिशत शब्द दोनों में एक-जैसे हैं। परन्तु औपचारिक शब्दावली, लिपि और भाषिक अस्मिता की दृष्टि से हिन्दी और उर्दू प्रायः दो अलग भाषाओं के रूप में देखी जाती हैं। हिन्दी औपचारिक शब्द संस्कृत से लेती है परन्तु उर्दू फ़ारसी और अरबी से। हिन्दी देवनागरी लिपि में बायें से दाएं लिखी जाती है और उर्दू नस्तलीक लिपि में दाएं से बाएं लिखी जाती है। दोनों भाषाओं का अधिकांश साहित्य भी अलग अलग है। सामाजिक और राजनीतिक दृष्टि से भी इन दोनों की अभिव्यक्ति अलग हुई है। हिन्दी भारत की राजभाषा है, उर्दू पाकिस्तान की राजभाषा है। भारतीय संविधान के आठवें खंड में उल्लिखित भारतीय भाषाओं में उर्दू को अलग स्थान मिला है। पाकिस्तान में हिन्दी का कोई संवैधानिक या सामाजिक स्थान नहीं है। भारत में उर्दू के स्थान का मुख्य कारण स्पष्ट है – भारत में बारह करोड़ मुसलमान हैं और उनकी अस्मिता उर्दू से जुड़ी हुई है।

हिन्दी दिल्ली के आसपास बोली जाने वाली खड़ी बोली का ही एक विकसित रूप है। नवीं और दसवीं शताब्दी में

अरबों और तुर्कों के हमले हिन्दुस्तान में हुए और दिल्ली ही उनकी राजनीतिक शक्ति का केन्द्र बना। उनके सैनिकों और दिल्ली के आसपास बसे सामान्य लोगों के बीच हुए व्यवहार में खड़ी बोली ही माध्यम के रूप में आगे बढ़ी। उस बोली में शासकों और सैनिकों के अरबी तुर्की और फ़ारसी शब्द धीरे धीरे घर करने लगे। इसी तरह से खड़ी बोली का प्रभाव-क्षेत्र धीरे धीरे फैलने लगा। इस बोली को कुछ लोगों से रेख़्ता कहा जिसका शाब्दिक अर्थ है – मिला जुला रूप। कुछ लोगों ने उसको हिन्दवी कहा और कुछ लोग इसे ज़बाने ओर्दू कहते थे। ज़बाने ओर्दू का शाब्दिक अर्थ है सैनिक-छावनी की भाषा। बाद में इसमें से थोड़ी सी तब्दीली के साथ उर्दू शब्द चल निकला। इस प्रकार इसी भाषा को कभी उर्दू कहते थे तो कभी हिन्दवी या हिन्दी।

ऐसा अनुमान है कि उर्दू में लगभग पचपन हज़ार शब्द हैं जिनमें से लगभग चालीस हज़ार शब्द प्रमुखतः खड़ी बोली से निकले हैं। ये संस्कृत और प्राकृत के तत्सम और तद्भव शब्दों का ही आधुनिक रूप हैं। इन शब्दों में रोज़मर्रा की ज़िन्दगी में काम आने वाले संज्ञा शब्द, सर्वनाम, विशेषण, क्रिया-पद, क्रियाविशेषण, संयोजक-पद, निपात और परसर्ग सम्मिलित हैं। ये सब उर्दू के अनिवार्य अंग हैं। इसके अतिरिक्त उर्दू ने फ़ारसी और अरबी से लगभग पन्द्रह हज़ार संज्ञा शब्द और विशेषण लिए हैं। इन पन्द्रह हज़ार शब्दों के प्रयोग ने दो भाषाओं में दूरी ला दी है। हिन्दी ने फ़ारसी, तुर्की और अरबी से सैंकड़ों शब्द आत्मसात् करके इस दूरी को पाटने का प्रयत्न किया है। इस लेख में भी ऐसे शब्द सौ से कम न होंगे जिनका आगमन उर्दू के माध्यम से फ़ारसी, तुर्की और अरबी से हुआ है।

अंग्रेजी की भेदक नीतियों के फलस्वरूप और बीते मुस्लिम युग की ऐतिहासिक स्मृतियों के फलस्वरूप उन्नीसवीं और बीसवीं शताब्दी में हिन्दु और मुसलमानों में दरार पड़नी शुरू हो गई। अलग अलग अस्मिता पनपने लगी। मुसलमानों ने उर्दू को अपना लिया और वह इस भाषा का भरण-पोषण अरबी और फ़ारसी शब्दों से करने लगे। हिन्दुओं में भी अस्मिता जागी और उन्होंने हिन्दी को अपनी भाषा कहा और शब्द-संपदा के लिये वे संस्कृत की ओर झुके। इस प्रकार दोनों भाषाओं में फ़ासला बढ़ने लगा। बोलचाल की भाषा में तो अब भी बहुत फ़र्क नहीं है लेकिन औपचारिक विषयों में अलग अलग शब्दों के प्रयोग के कारण इतना ज़्यादा अन्तर पड़ जाता है कि पूरी बात समझना मुश्किल हो जाता है। उदाहरण के लिये इसी लेख के शुरू में कुछ पंक्तियां देखिए। अगर यह लेख उर्दू में लिखा जाता तो वे पंक्तियां कुछ इस प्रकार होतीं :-

सवाल यह है कि हिन्दी और उर्दू दो अलग ज़ुबाने हैं या एक ही ज़ुबान के ये दो नाम हैं। दोनो ही तरफ दलीलें दी जा सकती हैं। क़वायदी नज़र से तो दोनों में फ़र्क नहीं है। इब्तदा के एतबार से दोनों हिन्दुस्तान में जन्मीं हिन्दुस्तानी आर्य ज़ुबाने हैं। लेकिन ज़ख़ीरा-ए-अलफ़ाज़, रस्मे ख़त और ज़ुबानी शनाख़्त के लिहाज़ से हिन्दी और उर्दू दो अलग ज़ुबानों की शक्ल में देखी जाती हैं।

इस शैली में लिखे गद्यांश को पूरी तरह से समझने में बहुत से हिन्दी भाषियों को कठिनाई होगी। इसी प्रकार प्रस्तुत लेख को उर्दू-भाषियों के सामने पढ़ा जाए तो वे भी सर खुजलाने लगेंगे। तर्क के लिए कहा जा सकता है कि इन्हें एक भाषा की दो शैलियां मान लिया जाए क्योंकि उन्हें भाषा के

आधार पर भिन्न भाषाएं मानना शुद्ध भाषा की दृष्टि से ठीक न होगा। एक भाषा की दो शैलियों का तर्क ठीक हो सकता है परन्तु प्रश्न यह खड़ा होता है कि किस भाषा को किसकी शैली माना जाए? अगर उर्दू को हिन्दी की शैली कहें तो क्या उर्दू वाले मंज़ूर कर लेंगे? अगर हिन्दी को उर्दू शैली कहा जाए तो क्या हिन्दी वाले उसे स्वीकार कर लेंगे? यहीं तो अस्मिता का प्रश्न आकर खड़ा होता है। भाषा राष्ट्रीयता की या धर्म की प्रतीक बन जाती है। तब भाषा केवल विचार-विनिमय का एक माध्यम मात्र नहीं रह जाती। भाषा में भावुकता का समावेश हो जाता है और वह संस्कृति का और राजनीति का एक अभिन्न हिस्सा बन जाती है। तब उसके संरक्षण के लिये लोग दूसरे का खून भी कर सकते हैं और अपनी जान की बाज़ी भी लगा सकते हैं।

तो हिन्दी और उर्दू एक भाषा के दो नाम हैं या वे दो भाषाएं हैं – इस प्रश्न का उत्तर कौन दे रहा है इस पर बहुत निर्भर करेगा। लोग अपने को एक मानेंगे तो हिन्दी और उर्दू को भी एक मान लेंगे परन्तु लोग अपने को एक दूसरे से अलग मानेंगे तो उनकी भाषाएं भी अलग अलग मानी जाएंगी भले ही उन भाषाओं में कितनी ही नज़दीकी क्यों न हो। दोनों भाषाओं को एक बताने वाले व्यक्ति कबीर, रहीम, प्रेमचंद और इक़बाल के उदाहरण देंगे। उनको अलग अलग बताने वाले हिन्दी और उर्दू के अलग शब्द-भंडार, लिपि, शैली और साहित्य का तथा धर्म और राष्ट्रीयता का हवाला देंगे। वास्तविकता यह है कि दोनों पक्ष ठीक हैं। लोग इन दोनों विकल्पों में से कौन सा विकल्प स्वीकार करें यह इस बात पर निर्भर करेगा कि वे लोग आज इतिहास को कहां खड़े होकर देख रहे हैं।

6. दैनन्दिन हिन्दी

हिन्दी-भाषियों द्वारा हिन्दी-भाषा व्यवहार और उसका भाषा-विज्ञान की दृष्टि से विश्लेषण इस लेख का विषय है। इस लेख के माध्यम से हम यह देखने का प्रयत्न करेंगे कि हिन्दी-भाषियों के दैनन्दिन जीवन में हिन्दी का प्रयोग कितनी मात्रा में है और उस प्रयोग का भाषा के अस्तित्व और भाषा की प्रतिष्ठा पर क्या परिणाम हो रहा है।

प्रत्येक सामाजिक प्राणी के अनेकानेक व्यवहार-क्षेत्र होते हैं। दूसरे शब्दों में, समाज में रहने वाला हर इंसान दूसरे व्यक्तियों से प्रतिदिन विभिन्न विषयों पर कई तरह की बातचीत करता है। उन सभी विषयों की अगर सूची बनाएं तो बहुत लम्बी सूची बनेगी। अभिवादन से लेकर तर्क-वितर्क, हंसी-मज़ाक से लेकर जीवन की गुत्थियों को सुलझाने वाली दार्शनिक बातें, हालचाल पूछने से लेकर राजनैतिक गहमागहमी की बातें, रोटी-पानी की बात से लेकर अपने अपने व्यवसाय की तकनीकी या गहन बातें भाषा के माध्यम से होती है। इन विभिन्न विषयों में से कुछ विषय अनौपचारिक होते हैं और कुछ औपचारिक।

अनौपचारिक विषयों के उदाहरण हैं – रोटी, पैसे, कपड़े, धुलाई, पढ़ाई, तबीयत, खाना, पकाना, बरतन, सफ़ाई, और रिश्तेदारी आदि रोज़मर्रा के विविध मामलों पर घरवालों से बातचीत। इसी प्राकर रिश्तेदारों, मित्रों और पड़ोसियों से भी

समयानुकूल कई प्रकार की गपशप या बातचीत समय समय पर चलती है। इसी तरह नौकरों से, मज़दूरों से, धोबी से, मोची से, रिक्शावाले से, सब्ज़ीवाले से, अख़बारवाले से भी यत्किंचित् व्यवहार होता है वहां भी आवश्यकता के अनुसार अनौपचारिक भाषा का प्रयोग होता है। इन अनौपचारिक विषयों पर हम न केवल अपनी बात करते हैं बल्कि दूसरों की बात सुनते भी हैं। इसके अतिरिक्त लिखने में हम मित्रों व रिश्तेदारों को अपना हाल बताने या उनका हालचाल पूछने के लिये पत्र लिखते हैं और उनके आए पत्रों को पढ़ते हैं। इन विभिन्न व्यवहार-क्षेत्रों में विषय प्रायः अनौपचारिक होते हैं इसलिये उनकी भाषा भी साधारणतः अनौपचारिक होती है।

इसके अतिरिक्त दूसरे व्यवहार-क्षेत्र हैं जिनमें हम औपचारिक विषयों पर बोलते, सुनते, लिखते या पढ़ते हैं। उन औपचारिक विषयों में व्याकरण तो मूल रूप से नहीं बदलता पर भाषागत शैली और शब्दावली बदल जाती है। औपचारिक विषयों के उदाहरण हैं – स्कूल कॉलेज में विभिन्न विषयों का पढ़ना-पढ़ाना, तकनीकी या विशिष्ट योग्यता वाले विषयों या व्यवसायों के बारे में लिखना पढ़ना, शोध, गोष्ठियों में सामाजिक, राष्ट्रीय और अन्तर्राष्ट्रीय मुद्दों पर चर्चा तथा राजनीति, धर्म और दर्शन आदि विषयों से संबंधित अनेकानेक औपचारिक चर्चाएं। इसके अतिरिक्त अधिकांश साहित्य-रचना, व्यावसायिक पत्र, समाचारपत्र के संपादकीय, मानव-शास्त्र, रसायन-शास्त्र में लिखे लेख, और हमारा अधिकांश सामाजिक और वैज्ञानिक साहित्य औपचारिक व्यवहार-क्षेत्रों के ही उदाहरण हैं। इन औपचारिक विषयों की अवधारणाओं को अभिव्यक्त करने के लिए औपचारिक शब्दावली की आवश्यकता पड़ती है और इसलिए भाषा भी औपचारिक बन जाती है।

अब हम ये विचार करें कि इन विभिन्न अनौपचारिक तथा औपचारिक व्यवहार-क्षेत्रों में हिन्दीभाषी प्रायः किस भाषा का प्रयोग करते हैं ? कुछ व्यवहार-क्षेत्रों में केवल अंग्रेज़ी का प्रयोग होता है, तो कुछ अन्य क्षेत्रों में केवल हिन्दी का। कुछ क्षेत्रों में प्रयोगकर्ता की अपनी पसंद के अनुसार दोनों भाषाओं का प्रयोग देखने को मिलेगा। जहां दोनों भाषाओं का प्रयोग संभव है अर्थात् जिन क्षेत्रों में कुछ लोग अंग्रेजी में व्यवहार करेंगे और कुछ लोग हिन्दी में, तो वहां हमें यह विचार करना होगा कि उनके प्रयोग की अपेक्षाकृत मात्रा क्या है ? निस्सन्देह यह उपर्युक्त तथ्य सभी हिन्दी-भाषियों के अनुभव की बात है और इसलिये ये आंकड़े हमें वर्तमान स्थिति में अपनी अन्तर्दृष्टि से ही प्राप्त करने होंगे।

उपर्युक्त सभी अनौपचारिक व्यवहार-क्षेत्रों में जिस भाषा का प्रयोग हिन्दी-भाषी करते हैं वैसी भाषा में प्रायः सभी जन प्रवीण होते हैं। इतना हो सकता है कि कुछ लोगों की भाषा दूसरों की तुलना में तनिक ज़्यादा मंजी हुई हो। अनौपचारिक विषयों पर बात करने के लिये जैसी भाषा चाहिए उस पर अधिकार प्राप्त करने के लिये न विशेष शिक्षण की आवश्यकता होती है न प्रशिक्षण की। भारत के संदर्भ में ऐसे अनौपचारिक व्यवहार-क्षेत्रों में अधिकांश परिवारों में हिन्दी का या किसी स्थानीय बोली का ही प्रयोग होता है। ऐसी बोली या भाषा तो अनपढ़ से अनपढ़ परिवार में भी बच्चा अपने माता-पिता और अपने परिवेश से सीख लेता है। कहने का अभिप्राय यह है कि ऐसी भाषा की प्राप्ति प्रयत्न-साध्य नहीं है, समाज में बड़ा होने के साथ साथ वह उपलब्धि सहज और अनायास होती है। आज भारतीय संदर्भ में रोज़मर्रा के अनौपचारिक व्यवहार-क्षेत्रों में भी अंग्रेज़ी अपना स्थान स्थान बना रही है

इसमें कोई सन्देह नहीं। जिन परिवारों में अंग्रेज़ी पढ़े लिखे सदस्यों की संख्या बढ़ रही है उनमें से अधिकांश परिवारों में शिक्षा के अनुपात में अंग्रेज़ी भाषा का प्रयोग उपर्युक्त अनौपचारिक व्यवहार-क्षेत्रों में भी तेज़ी से बढ़ रहा है।

औपचारिक व्यवहार-क्षेत्रों में दो धाराएं हैं – मौखिक धारा और लिखित धारा। औपचारिक संदर्भों में, चाहे वे लिखित हों या मौखिक, दो भाषाओं का प्रयोग उभर कर आता है। अंग्रेज़ी का और संस्कृतनिष्ठ हिन्दी का। हिन्दी का अधिक प्रयोग धार्मिक तथा सांस्कृतिक विषयों या संदर्भों में होता है। इसके अतिरिक्त व्यावसायिक क्षेत्रों और वैज्ञानिक पाठ्यपुस्तकों में भी हिन्दी का थोड़ा-बहुत प्रयोग होता है। व्यावसायिक गतिविधि के साथ जुड़े हुए विषयों में हिन्दी का प्रयोग बहुत सीमित हो जाता है। इन दोनों के प्रयोग-क्षेत्रों पर अगर हम तुलनात्मक दृष्टिपात करें तो निस्सन्देह अंग्रेज़ी का स्थान बहुत प्रभुत्वशाली होकर सामने आता है। नब्बे प्रतिशत से अधिक औपचारिक व्यवहार-क्षेत्रों में अंग्रेज़ी भाषा का प्रयोग होता है। स्कूल, कॉलेज, या किसी भी व्यावसायिक क्षेत्र में अच्छी नौकरी पाने के लिए अंग्रेज़ी का ज्ञान जितना अच्छा हो उतना ही वह ज्ञान सोने में सुहागे का काम करता है। अगर हम औपचारिक व्यवहार-क्षेत्रों में हिन्दी-भाषियों के दैनन्दिन भाषा-प्रयोग की एक तालिका तैयार करें तो अंग्रेज़ी के प्रयोग की प्रभुता और हिन्दी के प्रयोग की अल्पता स्वतः स्पष्ट हो जाती है।

इस स्थिति को एक और दृष्टि से भी देखा जा सकता है। जब विदेशी व्यापारी, विद्यार्थी, या विद्वान अपने किसी काम के निमित्त भारत जाना चाहते हैं तो उनके सामने यह प्रश्न खड़ा होता है कि भारत के स्थानीय लोगों से व्यवहार करने के

लिये किस प्रकार की भाषा काम आएगी? विश्लेषण करने पर यही निष्कर्ष निकलता है कि जिस प्रकार के लोगों से उनका संपर्क आएगा वे प्रायः थोड़ी बहुत अंग्रेज़ी जानते हैं, या यूं कहिए कि अंग्रेज़ी के माध्यम से वे जैसे तैसे अपना काम चला लेते हैं। जो अधिक समय के लिये भारत जाते हैं उन्हें यह विचारना पड़ता है कि किन किन लोगों से हिन्दी बोले बिना उनका काम नहीं चलेगा। ऐसे लोगों की सूची बनाई जाए तो सूची बनती है – घर का नौकर, माली, डाकिया, होटल का बैरा, जूते ठीक करने वाला, कोई छोटा दुकानदार। इस श्रेणी के अधिकांश लोग अंग्रेज़ी नहीं जानते और इसलिये उनसे शायद हिन्दी के बिना काम नहीं चलेगा। इस लक्ष्य को ध्यान में रखकर वे उनके साथ काम आने वाली स्थितियों के कुछ वाक्य और कुछ शब्द सीख लेते हैं। इसके अतिरिक्त जो मानव-शास्त्र या समाज-शास्त्र जैसे विषयों के विद्यार्थी हैं उन्हें ज़रा गहराई से सोचना पड़ता है। उन्हें गांवों व शहरों में लोगों से मिलकर कुछ प्रश्न पूछने होते हैं तो वे उतनी तैयारी कर लेते हैं और किसी भी विस्तृत बातचीत के लिये वे अपने स्थानीय सहायक की मदद ले लेते हैं। विश्वविद्यालयों में, और समाज के बाकी लोगों से मिलने के लिये अंग्रेज़ी से उनका काम चल जाता है। परन्तु ये लोग इस बात पर विचार नहीं करते कि अंग्रेज़ी के माध्यम से होने वाले व्यवहार में उनकी कितनी सीमाएं रह जाती हैं। अधिकांश भारतीय अंग्रेज़ी में अपनी सीमित प्रवीणता के कारण अपने मन की बात को पूरा व्यक्त नहीं कर पाते।

स्पष्ट है कि पढ़े लिखे लोगों की भाषा के रूप में अंग्रेज़ी ही उभर कर आती है और अनपढ़ लोगों की भाषा के रूप में हिन्दी उभर कर आती है। हिन्दी भाषी भी इस तथ्य

को भलीभांति जानते हैं और उनका अपना व्यवहार भी इसी उभरते सत्य का परिचायक है। अन्तर केवल इतना है कि अधिकांश भारतीय स्पष्ट रूप से अपने मुंह से यह नहीं कहते कि उनकी हिन्दी उनकी अंग्रेज़ी भाषा की तुलना में कमज़ोर है। उनके ऐसा कहने के रास्ते में रोड़ा है उनकी हिन्दी के प्रति अपनी अस्मिता, उनका देशप्रेम, उनका सांस्कृतिक गर्व। लेकिन जो बात वे अपने मुख से नहीं कह पाते उसे ही उनका व्यवहार शतमुख होकर कहता है। एक उदाहरण देखिए। कुछ वर्ष पूर्व अमरीका के पब्लिक दूरदर्शन पर श्रीमती इन्दिरा गांधी के परिवार का एक चलचित्र दिखाया गया था। इसमें उनके दोनों बेटे, उनकी बहुएं, पोता, पोती सभी थे। इस चलचित्र में उनकी आपसी अनौपचारिक बातचीत, मेज़ पर नाश्ते के समय उनका आपसी व्यवहार दर्शाया गया था। घर में एक-दो नौकर भी थे जो नाश्ता परोसते सेवा करते दिखाए गए थे। उस चलचित्र में घर के सभी लोग हिन्दी का प्रयोग केवल नौकरों के साथ ही करते दिखाए गए थे। जब परिवार के लोग आपस में या बच्चों के साथ व्यवहार करते थे तो केवल अंग्रेज़ी में। भाषा-प्रयोग की यह स्थिति केवल नेहरू गांधी परिवार तक ही सीमित हो ऐसी बात नहीं है। वे तो पूरे भारतीय समाज के प्रतिनिधि हैं। पढ़े लिखे समाज में न्यूनाधिक मात्रा में यह स्थिति सर्वत्र देखी जा सकती है। इसी प्रकार का भाषिक व्यवहार बड़े शहरों से छोटे शहरों की ओर और छोटे शहरों से गांवों की ओर धीरे धीरे फैल रहा है। किसी भी सामाजिक परिवर्तन के विस्तार की यही दिशा होती है। अधिकांश पढ़े लिखे लोगों के घरों में भी इसी स्थिति का क्रमिक निर्माण हो रहा है। जहां भारतीयों को हिन्दी और अंग्रेज़ी दोनों भाषाएं आती हैं वहां प्रायः अंग्रेज़ी को ही व्यवहार में अधिकाधिक

प्राथमिकता मिलती है। कुछ धार्मिक और सांस्कृतिक संदर्भों को छोड़कर हिन्दी के अनिवार्य प्रयोग की कल्पना उन्हीं स्थितियों में की जा सकती है जहां अंग्रेज़ी का विकल्प प्राप्त नहीं होता।

संसार के विभिन्न समुदायों की भाषागत स्थिति के विश्लेषण से कुछ तथ्य उभर कर आते हैं। व्यवसाय और विज्ञान आदि औपचारिक व्यवहार-क्षेत्रों में जिस भाषा का प्रयोग होता है उसी भाषा में जनसामान्य को रोटी देने की शक्ति होती है और उसी भाषा को समाज में प्रतिष्ठा का स्थान मिलता है। इसके साथ ही अनौपचारिक व्यवहार-क्षेत्रों में जिस भाषा का प्रयोग होता है उसी भाषा में जीवन-दायिनी शक्ति होती है। दूसरे शब्दों में वही भाषा एक जीवित भाषा के रूप में बचती है। औपचारिक तथा अनौपचारिक व्यवहार क्षेत्रों में एक ही भाषा का प्रयोग अगर हो तो उससे भाषा की संरचनात्मक स्थिति सुदृढ़ होती है। यदि इन दोनों व्यवहार-क्षेत्रों में अलग अलग भाषाएं हों तो उसके परिणाम मानवीय मस्तिष्क में भाषा की संरचनात्मक सुदृढ़ता के लिए ठीक नहीं होते। औपचारिक संदर्भों में भाषा की प्रतिष्ठा बढ़ती है और केवल अनौपचारिक संदर्भों में ही प्रयुक्त होने वाली भाषा की प्रतिष्ठा धीरे धीरे लोगों की अपनी आंखों में ही कम हो जाती है। परिणामतः औपचारिक भाषा पर लोगों का अधिकार धीरे धीरे कम होने लगता है और फिर औपचारिक भाषा में लिखे साहित्य को पढ़ने वाले व्यक्तियों की संख्या में भी कमी होने लगती है। दैनिक व्यवहार किसी भाषा में करेंगे और लेखन किसी दूसरी भाषा में तो अभिव्यक्ति में कमी आना स्वाभाविक है। आज भारत में आपको बहुत कम हिन्दी-भाषी मिलेंगे जो विज्ञान दर्शन आदि औपचारिक व्यवहार-क्षेत्रों में हिन्दी में

अधिकारपूर्वक लिखने की क्षमता रखते हों। आज अंग्रेज़ी की प्रतिष्ठा के कारण अनौपचारिक व्यवहार-क्षेत्रों में भी उसकी आक्रामकता बढ़ रही है और आज ऐसा पढ़ा लिखा व्यक्ति मिलना मुश्किल है जो अपनी रोजमर्रा की सीधी साधी बातें भी एक ही शुद्ध भाषा में कहने की क्षमता रखते हों – चाहे वह अंग्रेज़ी में हो या हिन्दी में। दैनन्दिन विषयों में खिचड़ी भाषा का प्रयोग एक अनिवारणीय आदत बन जाता है और यह आदत हिन्दी और अंग्रेज़ी दोनों भाषाओं में प्रवीणता प्राप्त करने के रास्ते में एक रोड़ा है।

7. हिन्दी और अंग्रेज़ी की खिचड़ी

हिन्दी और अंग्रेज़ी – इन दोनों भाषाओं का प्रयोग भारत के हिन्दी प्रदेशों के शिक्षित क्षेत्रों में खूब होता है। सार के रूप में कहना हो तो पढ़े लिखे लोग अधिकांश औपचारिक क्षेत्रों में अंग्रेज़ी का इस्तेमाल करते हैं और अनौपचारिक क्षेत्रों में हिन्दी और अंग्रेज़ी दोनों का। ज्यों ज्यों व्यक्ति की शिक्षा बढ़ती जाती है त्यों त्यों अंग्रेज़ी का प्रयोग भी उसी अनुपात में बढ़ता जाता है। भारत में ऐसे अनेक संदर्भों का निर्माण हो रहा है जिनमें अंग्रेज़ी का प्रयोग सहज और स्वाभाविक माना जाने लगा है और हिन्दी का प्रयोग अस्वाभाविक माना जाने लगा है। इस प्रकार के क्षेत्रों में व्यावहारिक अपेक्षाओं की उपेक्षा करके जो व्यक्ति हिन्दी का प्रयोग बहुलता से करता है उसकी ओर सुनने वालों का ध्यान जाता है और ऐसा व्यक्ति या तो देशभक्त नेता समझा जाता है, या हिन्दी-प्रेमी, या फिर कोई अनपढ़ जो अंग्रेज़ी नहीं बोल सकता। क्लबों, होटलों, पढ़े लिखे लोगों की पार्टियों की स्वाभाविक भाषा अंग्रेज़ी ही बनती जा रही है। अगर इन स्थितियों में हिन्दी बोलो भी तो उसमें अंग्रेज़ी की खूब भरमार रहनी चाहिए। इसी से आप पढ़े लिखे माने जाएंगे।

आधुनिक भारत में अधिकांश हिन्दी-भाषी ज्ञान विज्ञान अधिकतर अंग्रेज़ी में ही पढ़ते हैं और अंग्रेज़ी ही की औपचारिक शब्दावली ग्रहण करते हैं। परिणामस्वरूप उन

विषयों में उनकी हिन्दी की औपचारिक शब्दावली या तो होती ही नहीं या फिर बहुत कमज़ोर रह जाती है। इसके कई परिणाम होते हैं। औपचारिक शब्दावली के अभाव में हिन्दी में लेख या पुस्तकें पढ़ने में अनेक हिन्दी-भाषियों को दिक्कत होती है। दूरदर्शन पर प्रसारित हिन्दी समाचार समझने में भी अनेक हिन्दी-भाषियों को कठिनाई होती है। औपचारिक भाषा में बोलने या लिखने का अवसर कहीं आ पड़े तो कठिनाई दुगनी तिगुनी हो जाती है। इस प्रकार धीरे धीरे हिन्दी-भाषियों का अपनी ही भाषा से नाता ढीला पड़ने लगता है।

यदि यही लोग अंग्रेज़ी में लिखा साहित्य पढ़ना या फिर अंग्रेज़ी में कुछ लिखना चाहें तो एक दूसरे प्रकार की दिक्कत होती है। अंग्रेज़ी में समझने या अभिव्यक्त करने की उनकी गति और उनका स्तर उतना प्रामाणिक और उतना प्रभावी नहीं होता जितना कि किसी का अपनी मातृभाषा में सहज रूप में ही हो सकता है। इस प्रकार वे उन लोगों का मुकाबला नहीं कर पाते जिनकी मातृभाषा अंग्रेज़ी है। यदि हिन्दी से विमुखता अंग्रेज़ी के प्रति उन्मुख्ता में सहायक होती हो शायद इतनी हानि न होती। फिर तो यह कह सकते थे कि एक भाषा का स्थान दूसरी भाषा ले रही है। कम से कम यह तो कह सकते थे कि सांसारिक व्यवहार पूरी गति से और बड़ी प्रवीणता से चल रहा है। परन्तु स्थिति कुछ ऐसी बनती जा रही है कि आज हिन्दी और अंग्रेज़ी दोनों में ही अधिकांश हिन्दी-भाषियां का स्तर काम-चलाऊ सा होता जा रहा है। न तो अंग्रेज़ी के बोलने में या लिखने में प्रामाणिकता और प्रांजलता है और न हिन्दी में। इस प्रकार संस्कृत की 'इतो नष्टः ततो भ्रष्टः' वाली कहावत चरितार्थ होती दिखाई देती है। उन दोनों भाषाओं में प्रवीणता कम होने के फलस्वरूप

अंधपंगु-न्याय से एक नई भाषा का उदय हो रहा है। जैसे एक अंधा और एक लंगड़ा दोनों मिलकर अपना काम चला लेते हैं उसी प्रकार हिन्दी और अंग्रेज़ी के एक सम्मिश्रित रूप से लोग अपना काम चला रहे हैं। हिन्दी भाषियों की ज़बानी चर्चा में यह सम्मिश्रण रूप खूब सुनने को मिलता है। भाषा का यह मिलाजुला रूप अनौपचारिक स्थितियों में तो यहां तक पहुंच गया है कि आपको ऐसे बहुत कम हिन्दीभाषी मिलेंगे जो अपनी बात केवल हिन्दी में या फिर केवल अंग्रेज़ी में कह सकें। बातचीत में अधिकांश लोगों को उन दोनों भाषाओं का सहारा लेना पड़ता है। दोनों भाषाओं के सहारे से ही वे अपनी बात कह पाते हैं। इस प्रकार एक खिचड़ी शैली का निर्माण हो रहा है और इस नई शैली का रूप भी बड़ा विचित्र होता जा रहा है। कई बार तो ऐसा होता है कि एक वाक्य एक भाषा से शुरू होता है और दूसरी भाषा में जाकर समाप्त होता है। खिचड़ी बनाने के भी कुछ नियम होते हैं लेकिन अंग्रेज़ी हिन्दी का यह मिलाजुला रूप तो किन्हीं सुस्पष्ट नियमों पर भी आधारित नहीं लगता। रोज़मर्रा के जीवन में प्रयोग में आने वाली इस मिलीजुली भाषा के नमूने देखिए -

1. I told you न that वह नहीं आने वाला but तेरी cousin definitely आएगी by herself.
2. I am very angry at him because जैसे बताया था he didn't do like that. I told him कि भई ऐसे नहीं करना do like this and not like this. मेरे ख़्याल में, in my opinion, वह सिर्फ़ careless ही नहीं है but उसका mind भी खराब है।
3. अरे भई, उनकी problem बड़ी complicated हो गई है। दोनों बड़े emotional लोग हैं। ज़रा ध्यान से step in करना उनके मामले में।

4. अगर आप mind न करें, if you don't mind, तो एक बात कहूं, may I ?

5. sorry भई, यह मीट wine etc. की बात तो नहीं चलेगी. If मेरी mother को पता चल गया न, if she finds out न, तो मुझे कच्चा खा जाएगी, eat up raw, absolutely raw.

बोलने में तो यह अंधपंगु-न्याय चल जाता है लेकिन लिखने में इस मिलेजुले रूप की परंपरा अभी तक नहीं बनी है। हिन्दी लिखने में अंग्रेज़ी के दो चार शब्द अटपटे नहीं लगते परन्तु बोलचाल जैसा सम्मिश्रण लिखने में अभी तक नहीं चला है। इसलिये किसी विचार की अभिव्यक्ति लिख कर करनी हो तो हिन्दी-भाषियों को मुश्किल पड़ जाती है। ऐसी अवस्था में दो विकल्प हैं – या तो पूरी बात हिन्दी में लिखें या फिर अंग्रेज़ी में। लेख हिन्दी में लिखना होगा तो पारिभाषिक शब्दावली का अनुवाद लिखने वालों को अपने मस्तिष्क में या तो अंग्रेज़ी से हिन्दी में करना पड़ेगा या फिर अंग्रेज़ी के शब्दों को देवनागरी लिपि में लिखना पड़ेगा। परन्तु जो कुछ भी हो इतना निश्चित है कि मातृभाषा होने के कारण उसमें शब्दों को छोड़कर शेष विचारों को अभिव्यक्त करने में अधिकांश लोगों को दिक्कत नहीं आएगी और ऐसे लेख में व्याकरणिक त्रुटियां नही होंगी। इसके विपरीत यदि लेख अंग्रेज़ी में होगा तो अधिकांश लोगों के बारे में यह कहा जा सकता है कि भाषा कम प्रांजल होगी, घिसे पिटे शब्दों की आवृत्ति होगी, भाषा में रचनात्मकता और स्वाभाविक प्रवाह की कमी तथा व्याकरणिक व शैलीगत अशुद्धियों की भरमार होगी। इसलिये अंग्रेज़ी लिखें तो हिन्दीनुमा लगती है और हिन्दी लिखें तो अंग्रेज़ी शब्दों की भरमार से अंग्रेज़ीनुमा लगती है।

हिन्दी भाषियों के पास अपने अभ्यस्त विषयों की शब्दावली तो अंग्रेज़ी की ज़रूर होती है परन्तु भाषा को अभिव्यक्त करने की प्रवाह-शक्ति हिन्दी में ही उपलब्ध होती है।

सामाजिक और ऐतिहासिक दृष्टि से देखा जाए तो हिन्दी और अंग्रेज़ी का यह सम्मिश्रण भारतीय समाज में पूरब पश्चिम की मिली जुली संस्कृति का ही एक प्रतिरूप है। भारतीय समाज के अनेक सांस्कृतिक क्षेत्रों में पूरब पश्चिम की दो संस्कृतियां इतनी घुलमिल गई हैं कि एक नई सामासिक संस्कृति का उदय होता दिखाई दे रहा है। उसी संस्कृति का ही एक अंग होने के कारण भाषा भी यदि एक सम्मिश्रित रूप धारण कर ले तो आश्चर्य नहीं होना चाहिए। परन्तु व्यावहारिक दृष्टि से भाषा का यह सम्मिश्रित रूप कई प्रकार की समस्याएं पैदा कर रहा है और उन समस्याओं का कोई समाधान भी दिखाई नहीं दे रहा है। इस हिन्दी और अंग्रेज़ी के सम्मिश्रण का लोगों की भाषिक प्रवीणता के विकास पर गहरा असर पड़ रहा है। दूसरे शब्दों में अंग्रेज़ी-हिन्दी का मिलाजुला रूप दोनों भाषाओं में प्रवीणता प्राप्त करने के रास्ते में बाधा है। आज सामान्य स्थिति यह है कि अधिकांश लोगों की न तो हिन्दी अच्छी है और न ही अंग्रेज़ी अच्छी है।

8. भाषा–सम्मिश्रण और भाषा-प्रवीणता में संबंध

विश्व में ऐसी भाषा दुर्लभ है जिस पर दूसरी भाषाओं का प्रभाव न पड़ा हो। जब दो भाषाएं सम्पर्क में आती हैं तो एक दूसरे से प्रभावित होती हैं। सामाजिक दृष्टि से अधिक सशक्त समुदाय की भाषा दूसरी भाषाओं को अधिक प्रभावित करती है। यही कारण है कि अंग्रेज़ी जैसी भाषा का प्रभाव हिन्दी पर अधिक पड़ा। हिन्दी में तो अंग्रेज़ी शब्दों के उदाहरण देने की ज़रूरत नहीं है परंतु अंग्रेज़ी ने भी हिन्दी से सैंकड़ों शब्द लिये हैं। हिन्दी से लिये गए *गुरु, योगा, निर्वाणा, शैम्पू (चाम्पना से), बंदाना (बंदनवार से),* चीता, सिपोय *(सिपाही से),* डंगरी आदि शब्द अंग्रेज़ी के सीमित संदर्भों में प्रयुक्त होते हैं। भाषाओं के ऐतिहासिक विश्लेषण से पता लगता है कि यह प्रभाव भाषा की ध्वनियों, शब्दों और उनकी व्याकरणिक कोटियों तक चला जाता है। फ़ारसी और अरबी भाषाओं से हमने ख़, ग़, ज़, फ़ लिये, और सैंकड़ों शब्द भी ले लिये। व्याकरण में भी प्रभाव देखा जा सकता है। कहने का अभिप्राय यह है कि भाषाओं का एक दूसरे पर प्रभाव भाषा-सम्पर्क का एक स्वाभाविक परिणाम है।

हिन्दी और अंग्रेज़ी के सम्पर्क ने भी एक दूसरे को प्रभावित किया है। क्योंकि अंग्रेज़ी शासकों की भाषा थी और हिन्दी शासितों की, इसलिये अंग्रेज़ी का असर हिन्दी पर

ज़्यादा पड़ा। अंग्रेज़ी के असर की दूरगामिता का श्रेय मैकाले की दूरदृष्टि को मिलना चाहिए। अंग्रेज़ी ने भारत के जनमानस को घेर लिया। भारतीयों ने अंग्रेज़ी को छाती से लगा कर रखा और उसका प्रभाव हिन्दी आदि भाषाओं पर बड़ी गहराई से पड़ने लगा।

आम तौर पर भाषाओं का असर संज्ञा-शब्दों के आदान-प्रदान तक सीमित रहता है। यदि संपर्क की घनिष्ठता बढ़ जाए तो संज्ञा-शब्दों की सीमा को लोग पार कर जाते हैं। हिन्दी भाषा में हिन्दी-अंग्रेज़ी का जो सम्मिश्रण दिखाई देता है वह दोनों भाषाओं के घनिष्ठ संपर्क का परिणाम है। इस सम्मिश्रण के परिणाम-स्वरूप अंग्रेज़ी के हज़ारों शब्द हिन्दी में आकर घुलमिल गए हैं। ध्वनियों का भी कुछ सीमित असर पड़ा है। लिखने के लिये हमने कुछ नये लिपि-चिह्नों की प्रथा अपनाई है। जैसे कॉलेज शब्द के पहले अक्षर पर जो अर्ध-चन्द्र का निशान है वह उस अक्षर के आ को बोलते समय मुंह की कुछ गोलाई प्रदान करने के लिये बनाया गया है। इस प्रकार बोलने में ए और ऐ के बीच के एक नए स्वर को हिन्दी ने अंग्रेज़ी से ले लिया है। बोलने में अंग्रेज़ी का pet लोग बोलने में तो ठीक बोलते हैं परन्तु इसको लिखना आसान नहीं है। लिखने में या तो पेट लिखा जाएगा या फिर पैट। व्याकरणिक प्रभाव भी कुछ मात्रा में पड़ा है। अंग्रेज़ी के प्रभाव की यह प्रक्रिया यहीं नहीं रुकी। अंग्रेज़ी के प्रति जो जनमानस का एक आकर्षण बना रहा उसके प्रभाव में आकर हिन्दी भाषी हिन्दी में अंग्रेज़ी भाषा के विभिन्न तत्वों का प्रचुर प्रयोग करने लगे। यह प्रयोग वाक्यांशों और वाक्यों तक पहुंचने लगा। कभी आदतवश तो कभी मोहवश अंग्रेज़ी का हिन्दी में प्रयोग बराबर बढ़ता गया और व्यवहार में एक नई सम्मिश्रित भाषा का जन्म होने लगा।

अपने भावों की अभिव्यक्ति के लिए तो इस सम्मिश्रित भाषा का सहज प्रयोग ठीक ही प्रतीत होता है

परन्तु भाषिक प्रवीणता के विकास में यह सम्मिश्रण घातक सिद्ध हो रहा है। तर्क के लिए कहा जा सकता है कि सम्मिश्रित भाषा के प्रयोग में हर्ज ही क्या है। आखिर एक भाषा का स्थान दूसरी भाषा लेती रही है। इसके उत्तर में इतना ही कहा जा सकता है कि जैसे हम मिलीजुली भाषा बोलते हैं वैसी भाषा अगर लिखनी भी शुरू कर दें तब हानि कम है। वैसा करने से बोलने और लिखने के बीच की दूरी पट जाएगी। लेकिन सोचने की बात यह है कि क्या ऐसा संभव है कि हिन्दी भाषी इस नई लेखन-शैली को स्वीकार कर लेंगे। ऐसे प्रस्ताव को स्वीकार करने में कई बाधाएं हैं। साहित्य में जिस भाषा का प्रयोग होता आया है उस साहित्यिक परंपरा से नाता टूट जाता है, राष्ट्रीय अस्मिता को ठेस पहुंचती है, और अंग्रेज़ी न जानने वाली भारतीय जनता, जो लगभग 95 प्रतिशत है, उसके लिये अपनी ही भाषा विदेशी भाषा बन जाती है। इसके अतिरिक्त अंग्रेज़ी न जानने वाले राष्ट्रों में जो लोग हिन्दी या दूसरी भाषाएं सीख रहे हैं उन विदेशियों के लिए हिन्दी सीखने की कठिनाई कई गुना बढ़ जाती है। भाषा का सौन्दर्य नष्ट हो जाता है और उससे प्राप्त होने वाली रसानुभूति में कमी आ जाती है। और तो और, सम्मिश्रित भाषा बोलने वालों की प्रवीणता दोनों ही भाषाओं में विकसित नहीं होती। भाषा का सम्मिश्रण एक ऐसा प्रश्रय बन जाता है कि एक भाषा का शब्द ध्यान में न आया तो दूसरी भाषा को दोह लिया। इस प्रकार भाषा-विकास के क्षणों को खो दिया जाता है। एक और बात – ऐसी सम्मिश्रित भाषा को व्याकरण के नियमों में बांधना बहुत मुश्किल है और अगर किसी प्रकार से उन्हें बांध भी लिया जाए तो विदेशी छात्रों के लिये उन्हें समझना और भाषा सीखने के लिये उनका प्रयोग करना दुरूह हो जाएगा और विशेषकर उन विदेशी छात्रों के लिये जो अंग्रेज़ी-भाषी देशों से नहीं हैं।

भाषा में प्रवीणता कैसे बढ़ाई जाए? आजकी दुनिया में हिन्दी भाषियों को अंग्रेज़ी और हिन्दी दोनों ही भाषाओं पर अच्छे अधिकार की ज़रूरत है। भाषा सभी सामाजिक प्राणियों के विचारों के आदान-प्रदान और राष्ट्रीय विषयों पर विचार-विमर्श का आधार है। भाषा एक उपकरण के रूप में तो सब के पास है परन्तु अपने व्यावसायिक मुकाबले में यदि आगे बढ़ना है तो इस उपकरण का सशक्त होना आवश्यक है। जिसकी भाषा बोलने में, समझने में, लिखने में, और पढ़ने में अच्छी होती है वह औरों की अपेक्षा समाज में अधिक प्रगति कर जाता है। इसलिये दोनों भाषाओं में प्रवीणता कैसे बढ़े यह एक विचारणीय बात है।

भाषा में प्रवीणता बढ़ाने के लिये सबसे पहली बात तो यह है कि खिचड़ी भाषा बोलने की आदत से ऊपर उठा जाए। किसी भी भाषा में भाषिक प्रवीणता विकसित करने के लिये यह आवश्यक है कि हम उसी भाषा में सोचें, उसके प्रवाह में बहें, उसके उपयुक्त शब्दों का विभिन्न संदर्भों में स्मरण करें। अगर हिन्दी बोलते वक्त हिन्दी में बोलें और अंग्रेज़ी बोलते वक्त अंग्रेज़ी में बोले तो दोनों भाषाओं को विकसित होने का मौका मिलेगा। इससे दोनों भाषाओं में शब्द-संपदा समृद्ध होगी और भाषा में प्राकृतिक प्रवाह आएगा और सहजता का समुदय होगा। उससे हिन्दी हिन्दीनुमा लगेगी और अंग्रेज़ी अंग्रेज़ीनुमा लगेगी। वरना अंग्रेज़ी का शब्द ध्यान न आने पर हिन्दी का सहारा ले लिया और हिन्दी का शब्द ध्यान न आने पर अंग्रेज़ी का सहारा ले लिया। इससे तो अंधे और लंगड़े की जोड़ी की तरह एक मिलीजुली भाषा से ही काम चलता रहेगा।

भाषा में प्रवीणता बढ़ाने के लिए दूसरा आवश्यक पग यह है कि हमारे पास उस भाषा का एक अच्छा शब्दकोश हो। अंग्रेज़ी का शब्दकोश तो प्रायः सब घरों में मिल जाएगा परन्तु हिन्दी का शब्दकोश किसी विरले ही घर में मिलेगा। भाषा में प्रवीणता बढ़ानें के लिए शब्द-संपदा को निरंतर बढ़ाना

आवश्यक है। तीसरा कदम यह है कि जिस भाषा में हम अच्छा होना चाहते हैं उस भाषा में अलग अलग प्रकार का साहित्य पढ़ें। साहित्य की विभिन्न विधाओं की शब्दावली और प्रयोग अलग अलग प्रकार के होते हैं। जिस प्रकार का साहित्य पढ़ेंगे उसी प्रकार की शब्दावली बढ़ेगी। इसी प्रकार उस भाषा में अगर हम लिखें और लिख कर फिर उसका सुधार स्वयं करें या कराएं तो हम देखेंगे कि हम अपनी भाषा को निरंतर प्रांजल बना रहे हैं।

पढ़ने और लिखने की ये दोनों बाते विदेशी भाषा पर कई गुना ज़्यादा लागू होती हैं। जैसे हिन्दी भाषियों के लिये विदेशी भाषा के नाते अंग्रेज़ी के विषय में एक बात और ध्यान देने योग्य है। उस भाषा में हमारी व्याकरणिक और शैलीगत त्रुटियां होने की बहुत संभावना रहती है। उन त्रुटियों को हम धीरे धीरे पहचानें और उनके निराकरण के लिये व्याकरणिक नियमों को जानें - यह बहुत ज़रूरी है। अंग्रेज़ी सुधारने के लिये अंग्रेज़ी में तो बहुत साहित्य है। उसका उपयोग अनिवार्य है वरना ये अशुद्धियां बरसों तक चलती रहेंगी और वे हमारे सामाजिक वर्चस्व को कमज़ोर बनाती रहेंगी। हम अपनी बात को जैसे तैसे दूसरों तक पहुंचा ज़रूर लेंगे परन्तु उस बात का और हमारे व्यक्तित्व का प्रभाव उतना नहीं हो पाएगा जितना हम चाहते हैं।

9. भारत में अंग्रेज़ी के दो पक्ष

आधुनिक भारत में अंग्रेज़ी के अस्तित्व के दो पक्ष हैं – जहां एक पक्ष भारत के हित में है वहां दूसरा पक्ष भारत के अहित में है। हित की दृष्टि से तीन बातें कही जा सकती हैं – एक, भारत में हिन्दी के साथ साथ अंग्रेज़ी सम्पर्क-भाषा के रूप में विभिन्न प्रान्तवासियों को एक दूसरे के नज़दीक ला रही है। दो, भारत के बाहर अंग्रेज़ी भारत को विश्व के देशों से जोड़ रही है। तीन, अंग्रेज़ी जैसी प्रभुत्वशाली भाषा में लिखा ज्ञान-विज्ञान का साहित्य भारतीय चिन्तकों, शोध-कर्ताओं और लेखकों को सुलभ है और इस कारण उनके लिये विश्वधारा में समरस होने का मार्ग सुगम हो रहा है। इन तीनों बातों का हवाला अंग्रेज़ी के समर्थन में अक्सर दिया जाता है। यह पक्ष अपने आप में काफ़ी लोगों को स्पष्ट है – इसलिये इसकी विशद चर्चा यहां नहीं की जाएगी।

अहित की दृष्टि से जिन बातों की चर्चा की जा सकती है वे बातें थोड़ी सूक्ष्म हैं और वे चिन्ता का विषय हैं। भारत की सौ करोड़ से भी अधिक की आबादी में केवल दो लाख ऐसे हैं जो अंग्रेज़ी को अपनी मातृभाषा मानते हैं। इन को और बाकी अंग्रेज़ी जानने वालो को मिलाकर पूरी जनसंख्या का केवल पांच प्रतिशत लोग अंग्रेज़ी जानते हैं और इन्हीं पांच प्रतिशत लोगों के हाथ में विभिन्न स्तरों पर उच्च-स्तरीय कामकाज के साथ साथ आर्थिक व राजनीतिक शक्ति केन्द्रित

है। 95 प्रतिशत लोग अंग्रेज़ी न समझते हैं न बोलते हैं और इसलिये वे समाज की विकास-संबंधी चर्चा में पूरा हिस्सा नहीं ले पाते। जनतन्त्र की दृष्टि से यह स्थिति बहुत निराशाजनक है।

दूसरी अहितकारक बात भारत में अंग्रेज़ी के स्तर से संबंध रखती है। भारत में एक प्रकार की अंग्रेज़ी बोली जाती है। कुछ का कहना है कि जैसे ब्रिटेन, अमरीका, न्यूज़ीलैंड आदि देशों की अंग्रेज़ी का अपना अस्तित्व है उसी प्रकार भारतीय अंग्रेज़ी का अस्तित्व भारत में है। इस प्रकार का कथन कसौटी पर खरा नहीं उतरता। उपर्युक्त देशों में अंग्रेज़ी वहां के लोगों की मातृभाषा है परन्तु भारत में अंग्रेज़ी एक छोटे से वर्ग को छोड़कर किसी की मातृभाषा नहीं है। जिस प्रकार का प्रवाह उन भाषा-भाषियों का अपनी मातृभाषा में है उस स्तर का अंग्रेज़ी पर अधिकार या उसके बोलने या लिखने में प्रवाह भारत के अधिकांश लोगों का नहीं है। जिस प्रकार हम अपनी मातृभाषा में व्याकरण-सम्मत भाषा का प्रयोग करते हैं उस प्रकार की व्याकरण-सम्मत अंग्रेज़ी अधिकांश भारतीय नहीं बोल पाते। भाषा में प्रयोग की दृष्टि से जो संदर्भगत औचित्य और प्रवाह रहना चाहिए उसके लिहाज़ से भी भारतीयों की मातृभाषा और उनकी अंग्रेज़ी में कोई मुकाबला नहीं है।

यह ठीक है कि अनेकानेक भारतीय कुछ काम अंग्रेज़ी में ज़्यादा अच्छी तरह कर सकते हैं। उसका कारण है कि उन विषयों से उनका रोज़ का काम पड़ता है और उन विषयों से संबंधित शब्दावली और वाक्यांशों के वे अभ्यस्त हो जाते हैं। उन्हीं शब्दों या वाक्यांशों को अलग अलग तरीके से जोड़ लेते हैं। इसका सबसे अच्छा उदाहरण वे स्थितियां हैं जिनमें

भारतीय लोग अपने पेशे से संबंधित या अपनी रुचि से संबंधित किसी विषय पर बोलते या लिखते हैं। परन्तु ऐसी स्थितियों में भी अगर हम उनकी भाषा की गुणवत्ता की तुलना मातृभाषियों द्वारा उसी प्रकार के संदर्भों में बोली जाने वाली अंग्रेज़ी से करें तो उन संदर्भों में भी हमें अंग्रेज़ी भाषा पर उनके अधिकार की सीमाओं का एहसास हो जाएगा।

इसमें कोई सन्देह नहीं कि अनेक ऐसे संदर्भ हैं जिनमें भारतीय लोग अपनी बात अंग्रेज़ी में ज़्यादा अच्छी तरह कह सकने की क्षमता रखते हैं और वही बात अपनी मातृभाषा हिन्दी में उतनी अच्छी तरह नहीं कह पाते। ऐसा प्रायः उन संदर्भों में होता है जिनमें व्यक्ति अंग्रेज़ी में ही पढ़ता है लिखता है और तद्विषयक शब्दावली को सीखकर उसका प्रयोग करता है। अपनी मातृभाषा में या तो उसने उस प्रकार के शब्द सीखे ही नहीं थे और अगर सीखे थे तो संभव है कि अभ्यास छूटा होने के कारण वे शब्द समय पर ध्यान न आएं। यह भी माना कि शब्दावली के समान विचारों की कुछ लड़ियां भी अंग्रेज़ी में अधिक सरलता से निकल आएं। परन्तु यह सब कुछ होने के बावजूद भी उस अंग्रेज़ी में विचारों को प्रस्तुत करने की भाषिक नवीनता का अभाव खटकता रहता है। एक ही बात जब अलग अलग अवसरों पर नवीन और नवीनतर ढंग से नहीं कही जाती तो उस भाषा के प्रभाव में कमी आ जाती है और इस प्रकार की नई से नई शैलीगत नवीनताएं अपनी मातृभाषा में ही संभव होती हैं।

कुछ विषय ऐसे हैं जहां अंग्रेज़ी का प्रयोग अधिक उपयुक्त है पर इसके विपरीत कई ऐसी स्थितियां हैं जहां अंग्रेज़ी का प्रयोग केवल वक्ता की आदत के कारण होता है। यह आदत पिछले सौ वर्षों में बनी एक सामाजिक मनोवृत्ति का

परिणाम है। मनोवृत्ति बनी है अंग्रेज़ी से मिलने वाली सामाजिक प्रतिष्ठा से। यह एक दुष्चक्र-सा बन गया है। कुल मिला कर परिणाम यह हुआ है कि सामान्य भारतीय इस प्रकार की सामाजिक प्रतिष्ठा का इतना दास हो गया है कि वह कम प्रवीणता वाली भाषा का प्रयोग ज़्यादा पसंद करता है परन्तु अपनी नंबर एक भाषा में बात कहने में हिचकिचाता है। इसका दूसरा परिणाम यह हुआ है कि अपनी भाषा के अप्रयोग के कारण उसमें उसकी प्रवीणता में कमी आने लगी है। आज की दुनिया में तो बोलकर और लिखकर विचारों का सम्प्रेषण हर समाज की संस्कृति का बहुत बड़ा हिस्सा है। अगर वह सम्प्रेषण प्रभावी न हुआ तो सामाजिक और राष्ट्रीय परिणाम कमज़ोर होने लगते हैं।

जब भारतीय अपनी भाषा में बोलता है तो उसमें प्रवाह होता है, उसमें व्याकरण ठीक होता है, उसमें अवसर के अनुकूल औचित्य रहता है। जब भारतीय अंग्रेज़ी बोलता है तो उसकी अंग्रेज़ी में लड़खड़ाहट होती है, व्याकरण की अशुद्धियां होती हैं और संदर्भ में अपेक्षित औचित्य का अभाव कदम कदम पर खटकता है और इससे भाषा की प्रांजलता में कमी आती है। मातृभाषा में अन्तरतम के भावों की अभिव्यक्ति सहज होती है। इसके विपरीत विदेशी भाषा में व्यक्ति भाषा से ही जूझता रह जाता है और उसके विचारों की अभिव्यक्ति गौण हो जाती है। जहां बोलने वाले के लिए भाषा प्रधान हो जाए और भावों की अभिव्यक्ति गौण हो जाए वहां भावों के आदान-प्रदान में कमी आ जाए और बातचीत में छिछलापन आ जाए इसमें क्या आश्चर्य है?

यही सबसे बड़ा अहित है जो भारत में अंग्रेज़ी की स्थिति के कारण हो रहा है। जो यह मानते हैं कि वे अंग्रेज़ी

बोल और समझ सकते हैं उनमें से अधिकांश लोग उसका टूटा फूटा अधूरा सा प्रयोग करके अपने को धन्य मानते हैं। यह दुर्भाग्य की बात है कि जिस भाषा के प्रयोग की आकांक्षा अधिकांश लोगों में है उस भाषा में वे न तो अच्छी तरह बोल पाते हैं, न अच्छी तरह पूरी बात समझ पाते हैं और न ही अच्छी तरह लिख-पढ़ पाते हैं। इस दुर्भाग्यपूर्ण स्थिति का निदान दो प्रकार से हो सकता है – देश में अधिक से अधिक स्थितियों में मातृभाषा का प्रयोग हो और विश्व के संदर्भ में प्रयोग के लिये भारत में अंग्रेज़ी की गुणवत्ता को सुधारा जाए।

हिन्दी हिन्दुस्तान और राष्ट्रीयता से कितना भी प्यार क्यों न हो और हिन्दी के मुकाबले में अंग्रेज़ी में लिखा लेख कितना भी प्रभावहीन क्यों न हो लेकिन सामाजिक, शैक्षिक और व्यावसायिक आवश्यकताओं को ध्यान में रखते हुए अधिकांश हिन्दी-भाषी लोग अपना लेख अंग्रेज़ी में ही लिखते हैं। अंग्रेज़ी में लिखने में प्रतिष्ठा अधिक है। यह भी हो सकता है कि अनेक हिन्दी-भाषियों को अंग्रेज़ी में लिखने से भी ज़्यादा कठिनाई हिन्दी लिखने में आती हो। उसका कारण यह नहीं है कि उनकी अंग्रेज़ी उनकी हिन्दी से ज़्यादा अच्छी है। कारण यह है कि उस विषय को उन्होंने अंग्रेज़ी के माध्यम से पढ़ा है, अंग्रेज़ी में सोचा है, और अंग्रेज़ी में सुना है। इसलिये अंग्रेज़ी की ही शब्दावली तथा अंग्रेज़ी के ही तद्विषयक शब्द-समुच्चय और मुहावरे उनके दिमाग़ में रहते हैं। यही कारण है कि एक डाक्टर या एक इंजीनियर अपने व्यवसाय से संबंधित कामकाज तो अंग्रेज़ी में किसी न किसी प्रकार से चला लेता है, परन्तु अपने व्यवसाय के ही किसी नए विषय पर या उससे हट कर बाहर के अन्य किसी क्षेत्र में चर्चा करनी हो तो उनकी अंग्रेज़ी लड़खड़ाने लगती है और उनकी भाषा का स्तर गिरने लगता है। समीचीन शब्दों की कमी, मुहावरेदार भाषा की कमी, स्वाभाविक प्रवाह की कमी, और व्याकरण की दृष्टि से गलतियां भाषा की प्रांजलता को काट कर आधा कर देती हैं।

आधा क्या आधे से भी कम कर देती है। उस लड़खड़ाती भाषा से किसी न किसी प्रकार से काम तो चल जाता है परन्तु एक प्रभावी सामाजिक शक्ति के रूप में भाषा का प्रभाव क्षीण हो जाता है। इसमें कोई शक नहीं कि अन्तर्राष्ट्रीय स्तर की अंग्रेज़ी लिखने वाले और बोलने वाले कुछ भारतीय हैं परन्तु उनकी गिनती तो उंगलियों पर की जा सकती है। कितने होंगे आर. के. नारायण, अनिता देसाई, विक्रम सेठ या गीता मेहता जैसे लोग? वे तो अपवाद स्वरूप हैं। इस लेख में तो हम उन अधिकांश भारतीयों की बात कर रहे हैं जिनको अपनी कामचलाऊ अंग्रेज़ी पर इतना अधिक गुमान है कि वे उसी से खुश हैं और वे उसी के कारण बल्लियों उछलते दिखाई देते हैं।

आज की दुनिया में हिन्दी भाषियों के लिये अंग्रेज़ी और हिन्दी दोनों भाषाओं पर ही अच्छे अधिकार की ज़रूरत है। भाषा सभी सामाजिक प्राणियों में विचारों के आदान प्रदान का आधार है। भाषा एक उपकरण के रूप में तो सब के पास है परन्तु अपने व्यावसायिक मुकाबले में यदि आगे बढ़ना हो तो उस उपकरण का सशक्त होना बहुत आवश्यक है। जिसकी भाषा बोलने में, समझने में, लिखने में, और पढ़ने में अच्छी होती है वह औरों की बनिस्बत आगे बढ़ जाता है और जिसकी भाषा केवल कामचलाऊ होती है वह औरों के मुकाबले पिछड़ जाता है। इसलिये केवल व्यावहारिक कारणों के आधार पर भी सोचें तो भाषा का शक्तिशाली आधार बहुत ज़रूरी है। इस प्रकार अनेक व्यावहारिक कारणों से हिन्दी भाषियों को हिन्दी पर और अंग्रेज़ी पर दोनों ही अलग अलग कारणों से अच्छे अधिकार की ज़रूरत है।

हिन्दी हिन्दी-भाषियों की अपनी भाषा है। उसका नाम और स्वरूप भारत की संस्कृति से जुड़ा है। इसलिये हिन्दी के साथ हिन्दी-भाषी भारतवंशजों की अस्मिता का जुड़ा होना स्वाभाविक ही है। दूसरी ओर हम भाषा का संरक्षण यदि

उपयोगिता-वश करना चाहते हैं तो हमें उन तथ्यों की एक सूची बनानी होगी जो हमारे जीवन में उस भाषा की उपयोगिता को प्रकाशित करते हैं। इसके अन्तर्गत कई तथ्यों का समावेश किया जा सकता है। हिन्दी में लिखित साहित्य का हमारे लिये एक अपना रस है। हम उसी रस के भोक्ता और उसी रस के पोषक रहे हैं। उसी में बोलकर और उसी में लिखकर हमारा व्यक्तित्व खिलेगा।

10. आसान हिन्दी बनाम कठिन हिन्दी

ऐसा कई बार सुनने में आता है कि हिन्दी आसान होनी चाहिए ताकि सामान्य व्यक्ति तक भी उसमें कही बात पहुंच सके। सार्वजनिक मंचों से यह सलाह दी जाती है कि अगर हिन्दी को भारत की सम्पर्क भाषा बनना है तो उसमें भारी भरकम शब्दों का प्रयोग कम से कम होना चाहिए ताकि अधिक से अधिक लोग उसे समझ सकें। इसी संदर्भ में अनौपचारिक बातचीत में कुछ लोग यह शिकायत करते सुने जाते हैं कि दूरदर्शन के समाचार और हिन्दी समाचारपत्रों के समाचार पूरी तरह से समझ नहीं आते। कुछ अन्य लोगों का कहना है कि हिन्दी में लिखा हुआ कोई गंभीर लेख समझने के लिए हिन्दी का विद्वान होना ज़रूरी है।

इसमें कोई संदेह नहीं कि हिन्दी में संस्कृतनिष्ठ शब्दों का इस्तेमाल लेखक के भावों को समझने में कठिनाई पैदा कर सकता है। अगर हम किसी भी लेख का विश्लेषण करें तो यह बात निकल कर आएगी कि उसमें कही हुई बात को समझने में जो कठिनाई आ सकती है उस कठिनाई के निम्नलिखित तीन कारण हो सकते हैं - विषयवस्तु की कठिनाई, भाषा-संबंधी कठिनाई और लेखक या वक्ता के विचारों की व्यवस्था।

किसी भी विषय की बारीकियां भाषा की बात नहीं है परंतु विषयवस्तु की बात है। किसी व्यक्ति की भाषा कितनी भी अच्छी क्यों न हो परंतु अनेक विषयों में कहे विचार किसी

की समझ के भी बाहर हो सकते हैं। ऐसी स्थिति में भाषा-ज्ञान को बढ़ाने की ज़रूरत नहीं अपितु विषय-ज्ञान को बढ़ाने की आवश्यकता होती है। दूसरी बात है भाषा की जिसके बारे में कुछ विस्तार से हम इस लेख में चर्चा करेंगे। तीसरी बात है विचारों के संयोजन की। विचारों के संयोजन का मतलब है कि कितनी स्पष्टता के साथ हम अपने विचारों को दूसरों तक बोलकर या लिखकर हम पहुंचाते हैं। जहां लेखक या वक्ता को एक ओर विषय-वस्तु का ज्ञान और भाषा का समुचित ज्ञान चाहिए वहां उसे उन विचारों के सम्प्रेषण में भी महारत चाहिए।

शेष लेख उपर्युक्त दूसरे घटक भाषा-पक्ष के बारे में है। सबसे पहली बात तो यह कि कौनसी भाषा सरल है और कौनसी भाषा कठिन है यह व्यक्ति की अपने हिन्दी ज्ञान पर निर्भर है। जिन लोगों ने अपनी हिन्दी को सुधारने में परिश्रम किया है उनके लिए भाषा में कठिनाई नहीं होती परंतु इसके विपरीत जिन लोगों ने उसका विधिवत् औपचारिक अध्ययन नहीं किया और अपनी शब्दावली को बढ़ाने के लिए बराबर कोशिश नहीं की उन्हें दिक्कत हो सकती है। ऐसे अनेक हिन्दी-भाषी हैं जो अच्छी हिन्दी लिख सकते हैं या कम से कम हर प्रकार की हिन्दी समझ सकते हैं। और इसके विपरीत ऐसे भी हिन्दी-भाषियों की कमी नहीं है जिन्हें बोलचाल की हिन्दी के परे की हिन्दी लिखने में और समझने में कठिनाई होती है।

क्या हिन्दी को आसान बनाया जा सकता है जिससे अधिक से अधिक लोग इसमें कही बात को सुनकर या पढ़कर समझ सकें? इस प्रश्न के उत्तर में यह कहा जा सकता है कि निश्चित तौर पर कुछ हद तक हम अपनी बात को अपेक्षाकृत

आसान भाषा में कह सकते हैं। भाषा-द्वैत की स्थिति भारतीय भाषाओ की प्रकृति का अंश है और ज्ञानी लेखक अनायास अपनी साहित्यिक शैली के प्रवाह में अपनी बात को ऐसे ढंग से प्रस्तुत कर सकते हैं जिसे समझने में शिक्षित वर्ग के लोगों को भी कमोवेश कठिनाई हो। गुरुदेव रवीन्द्रनाथ ठाकुर ने इस भाषा-द्वैत की दूरी को बंगला में कम करने का प्रयत्न किया था। औपचारिक संदर्भ होते हुए भी उन्होंने बोलचाल की भाषा के प्रयोग अपने लेखन में किए। इसका असर बंगला पर निश्चित रूप से पड़ा और बंगला भाषा में साधु भाषा (औपचारिक भाषा) और चलित भाषा (बोलचाल की भाषा) की दूरी कुछ हद तक कम हुई। परंतु इतने प्रभावशाली व्यक्ति के प्रयत्नों के बावजूद यह नहीं कहा जा सकता कि बंगला में भाषा-द्वैत की स्थिति का उन्मूलन हो गया। हिन्दी में भी अनेकानेक लेखक इस प्रकार के प्रयोग करते रहते हैं और प्रयत्नपूर्वक अपने विचारों को सीधी-साधी बोलचाल की भाषा में कहने का प्रयत्न करते हैं। गांधी जी ने अपने विचार बड़ी सरल हिन्दी में (जिसे उन्होंने हिन्दुस्तानी की संज्ञा दी) प्रस्तुत किए। प्रेमचंद के उपन्यास और कहानियां भी काफ़ी हद तक सीधी साधी सरल भाषा में ही हैं। ऐसे और भी बहुत से उदाहरण दिए जा सकते हैं।

अगर हिन्दी को भारत की सम्पर्क भाषा बनना है तो यह तो मान कर चलना पड़ेगा कि सम्पर्क में आने वाली दूसरी भाषाओं के शब्द हिन्दी को स्वीकार करने पड़ेंगे। इससे हिन्दी का आधार विस्तृत होगा और उसके साथ अहिन्दीभाषियों की भावात्मक एकता बढ़ेगी और परिणाम-स्वरूप हिन्दी का प्रसार बढ़ेगा। हिन्दी में यदि उर्दू के कुछ शब्दों का प्रयोग होता है तो इस बात की संभावना अधिक है कि उर्दू के साथ अस्मिता

रखने वाले मुस्लिम समुदाय की हिन्दी के प्रति निकटता बढ़ेगी। इसी प्रकार ब्रज, भोजपुरी, पंजाबी, गुजराती, मराठी और बंगाली आदि भाषाओं में जो समान शब्दावली है उसे प्रयोग में लाने से सम्पर्क भाषा के रूप में हिन्दी को प्रोत्साहन मिलेगा।

आइए कुछ उदाहरण लेते हैं। देखते हैं कि नीचे लिखी पंक्तियों को हम कितना सरल बना सकते हैं। ये उदाहरण मैंने अपनी इसी पुस्तक की प्रस्तावना से लिए हैं।

उदाहरण एक – सामाजिक और अन्तर्राष्ट्रीय संदर्भों में अपने विचारों को दूसरों तक पहुंचाने के लिए भाषा एक अद्वितीय माध्यम है। कितनी कुशलता, स्पष्टता और बारीकी से हम अपनी बात कह सकते हैं - इस परिप्रेक्ष्य में यह हमारे पूरे व्यक्तित्व का परिचायक बन जाती है। (43 शब्द, 195 वर्ण)

सरल हिन्दी में रूपान्तर –
समाज के और अलग अलग देशों के मामलों में अपने विचारों को दूसरों तक पहुंचाने के लिए भाषा एक बेजोड़ रास्ता है। कितनी कुशलता, सफ़ाई और बारीकी से हम अपनी बात कह सकते हैं – इस मामले में भाषा हम कौन हैं और क्या सोचते हैं इस बात का दूसरों को परिचय देती है। (53 शब्द, 190 वर्ण)

उदाहरण दो – आशा है प्रस्तुत विचार भारत में भाषा-स्थिति को संतुलित बनाने में कुछ योगदान करेंगे। पाठकों से सविनय निवेदन है कि अपनी समालोचना अवश्य भेजें। सत्य तक पहुंचने का एक ही मार्ग है – समाज के सभी वर्गों का हित ध्यान में रखते हुए हम सद्भाव के साथ विचार-विनिमय की अविरल धारा बहाते रहें। (52 शब्द, 220 वर्ण)

सरल हिन्दी में रूपान्तर –

उम्मीद है यहां कहे विचार भारत में भाषा की स्थिति में संतुलन लाने का काम करेंगे। पाठकों से विनती है कि वे इस बारे में उनकी क्या सोच है उसके बारे में ज़रूर लिखें। सच्चाई तक पहुंचने का एक ही रास्ता है – समाज के सभी हिस्सों की भलाई ध्यान में रखते हुए हम सद्भाव के साथ अपने विचारों का आदान-प्रदान करते रहें। (62 शब्द, 236 वर्ण)

इन उदाहरणों से यह स्पष्ट है कि हम अपनी बात को कुछ मात्रा में आसान अवश्य बना सकते हैं। अगर हम इन उदाहरणों में प्रयुक्त शब्दों और वर्णों की संख्या की तुलना करें तो ऐसा लगता है कि सरल हिन्दी में शायद प्रयुक्त शब्दों की संख्या कुछ बढ़ जाती है। परंतु इस प्रकार का निष्कर्ष केवल दो उदाहरणों से स्वीकार नहीं किया जा सकता। उसके लिए सुनियोजित ढंग से अनेकानेक उदाहरणों और अनेकानेक हिन्दी-भाषियों की प्रतिक्रिया और उनके साथ विचार-विमर्श करने से ही एक सुदृढ़ निष्कर्ष तक पहुंचा जा सकता है।

ऊपर के उदाहरणों में हमने देखा कि भाषा की कठिनाई का संबंध अधिकतर प्रयोग में आए शब्दों से ही होता है। कभी कभी वाक्य-रचना से भी इसका संबंध हो सकता है परंतु उसका विश्लेषण ज़रा झमेलेवाला मामला है। उसमें सबसे बड़ी कठिनाई यह आती है कि वाक्य-रचना में हेरफेर संभव होने पर यह सवाल उठेगा कि क्या यह हेरफेर मूल उदाहरण में भी संभव था। यह शोध का विषय है और इसका सुनियोजित अध्ययन अलग से करने की योजना है।

आइए कुछ और उदाहरण लेते हैं –

उदाहरण तीन

इस कार्य के प्रति आपकी प्रतिबद्धता से मैं बहुत प्रभावित हूं।

सरल हिन्दी में रूपान्तर – इस काम को आप कितनी लगन से करते हैं उसने मुझपर बहुत असर डाला है।

उदाहरण चार – महादेवी वर्मा की शताब्दी पर आपने पत्रिका को विशेषांक का रूप दे दिया।

सरल हिन्दी में रूपान्तर – महादेवी वर्मा के सौ साल पूरे होने पर आपने पत्रिका को विशेष अंक का रूप दे दिया।

उदाहरण पांच – मातृभाषा से इतर भाषाओं द्वारा व्यापक पैमाने पर सांस्कृतिक, सामाजिक तथा बौद्धिक चेतना जागृत नहीं की जा सकती।

सरल हिन्दी में रूपान्तर – मातृभाषा के अलावा जो दूसरी भाषाएं हैं उनके द्वारा बहुत बड़े पैमाने पर सांस्कृतिक, सामाजिक तथा बौद्धिक चेतना नहीं जगाई जा सकती।

इन उदाहरणों में कुछ शब्द ऐसे हैं जिनको सरल रूप में व्यक्त किया जा सकता है औ कुछ दूसरे शब्द हैं जिन्हें आसान शब्दों में कहना आसान नहीं है। शब्दों की दो ऐसी कोटियां हैं जिन्हें बोलचाल की भाषा में ठीक से व्यक्त करना कठिन हो जाता है। हम देखते हैं कि ज्यों ज्यों विचारों की अमूर्तता बढ़ती जाती है त्यों त्यों उनके लिए बोलचाल के पर्याय आसान नहीं रह जाते। दूसरे ज्ञान-विज्ञान की जो पारिभाषिक शब्दावली है उसके लिए बोलचाल के शब्द ढूंढ निकालना अंसभव सा है। एक उदाहरण देखिए –

उदाहरण छह – अलबर्ट आइंस्टाइन ने मन में यह विचार किया कि वह ऐसा समीकरण खोज निकालेगा जो इस प्रकार के प्रकाश की गति के बराबर तेज रफ़्तार वाले यानों व द्रव्यों पर लागू होगा।

सरल हिन्दी में रूपान्तर – अलबर्ट आइंस्टाइन ने मन में यह सोचा कि वह ऐसा समीकरण खोज निकालेगा जो इस प्रकार के प्रकाश की गति के बराबर तेज रफ़्तार वाले यानों व द्रव्यों पर लागू होगा।

इस उदाहरण में कुछ पारिभाषिक शब्द हैं – समीकरण, यान, द्रव्य। इनको हिन्दी में किसी और ढंग से कहना संभव नहीं प्रतीत होता। ये शब्द ऐसे हो सकते हैं जिन्हें समझने में कुछ लोगों को कठिनाई हो। ऐसे शब्दों को को हम अक्सर पारिभाषिक शब्द, औपचारिक शब्दावली या संस्कृत-निष्ठ शब्दों की संज्ञा देते हैं और ऐसे शब्द सभी को सीखने पड़ते हैं।

आधुनिक ज्ञान-विज्ञान की परिधियां बराबर बढ़ रही हैं और उनमें नई नई अवधारणाओं को भाषा में सम्मिलित करना अनिवार्य-सा हो गया है। उन अवधारणाओं को अभिव्यक्त करने वाले नए नए शब्दों का निर्माण हो रहा है और उसके साथ साथ प्राचीन साहित्य में प्रयोग में आए शब्दों को भी वापस लाया जा रहा है। इन सब शब्दों का भाषा के प्रवाह में आकर समाविष्ट होना अनिवार्य है। उनके स्थान पर सरल शब्दों की खोज में प्रायः असफलता हाथ लगती है और कभी क़भी पर्याय जैसा शब्द मिल जाने पर भी अर्थ की हानि होती है। शब्द-स्तर पर उदाहरण के रूप में ऊपर की पंक्तियों में प्रयुक्त कुछ शब्द देखिए – विषय-वस्तु, संयोजन, पारिभाषिक, अमूर्तता, अवधारणा और परिधि। मैं स्वयं विचार कर रहा था कि अपने लेखों में ऐसे शब्दों के स्थान पर मैं किस प्रकार के सरल शब्द प्रयुक्त कर सकता था। यह आसान न था। इसके अलावा हज़ारों शब्द ऐसे हैं जिनको आसान हिन्दी में कहना आसान न होगा। कुछ उदाहरण देखिए- संसाधन, तत्वावधान, संगोष्ठी, अस्मिता, सचिवालय, अवर सचिव, आधिकारिक, मानक, विडम्बना, अस्तित्व, सर्वेक्षण, मान्यता, क्षमता, विचार-विनिमय, संग्रह, भावात्मक एकता,

सक्रियता, संतुलन आदि जिनको आम भाषा में कहने में दिक्कत आती है और अगर घुमा-फिरा कर कहने की कोशिश करें भी तो अर्थ की अभिव्यक्ति ठीक से नहीं हो पाती।

लेखक या वक्ता अपने विचारों को प्रस्तुत करने के लिए नए नए शब्दों का आह्वान करता है और नए नए शब्दों का निर्माण भी करता है। हर लेखक या वक्ता अपने अपने ढंग से अपनी बात को प्रभावी ढंग से कहने के लिए उसमें स्पष्टता, नवीनता और चुस्ती लाने की कोशिश करता है। वह कौनसी बात किन शब्दों में कहे इसके लिए हमारा उसपर कोई नियन्त्रण नहीं हो सकता। अगर हम उसकी बात को समझना चाहते हैं तो उसकी भाषा को समझने का भार हमारे ऊपर है।

भाषा-प्रयोग में एक एक व्यावहारिक नियम-सा है – भाषा में कभी पर्यायवाची शब्द नहीं होते। यहां पर्यायवाची शब्द का अर्थ इसके विस्तृत दायरे में स्वीकार करना होगा। हर समानार्थी शब्द में कुछ न कुछ अन्तर रहता है। कभी अर्थ-छाया अलग होती है, कभी क्षेत्रीय रंग होता है तो कभी शैलीगत भेद होता है। जब हम सरल और कठिन शब्दों की बात करते हैं तो उससे लिखनेवाले की साहित्यिक, क्षेत्रीय और व्यक्तिगत शैली का परिचय मिलता है। इस दृष्टि से हर शब्द की अपनी अर्थ-छाया होती है और जितने अधिक शब्द भाषा में होते हैं उतना अधिक अर्थ-वैशिष्ट्य अभिव्यक्त करने में भाषा की समृद्धि बढ़ती है। इस परिप्रेक्ष्य में भाषा में सरल और कठिन का प्रश्न ही नहीं उठता। भाषा की समृद्धि के साथ साथ कदम रखना हर शिक्षित भाषा-भाषी से अपेक्षित होता है।

इसका कारण क्या है कि ऐसे शब्द हिन्दी-भाषियों को कठिन लगते हैं? जब ऐसे अर्थों के सम्प्रेषण का अवसर आता

है तो लोग अपनी बोलचाल की भाषा में अंग्रेज़ी के शब्द ले आते हैं और हिन्दी-अंग्रेज़ी की मिली-जुली भाषा से अपना काम चलाते हैं। इसलिए कठिन लगने वाले हिन्दी शब्दों का समावेश या तो उनकी भाषा में हो ही नहीं पाता और या होता भी है तो उन्हें स्वयं अस्वाभाविक सा लगता है। समय समय पर ऐसे लोगों को दूसरों को समझने में भी कठिनाई का अनुभव होता है। यह हम सब का अनुभव है कि रोज़मर्रा की भाषा में हिन्दी-अंग्रेज़ी-उर्दू का मिला-जुला रूप ही बोलने वालों को स्वाभाविक लगता है। परन्तु औपचारिक शैली में (बोलने में और विशेषकर लिखने में) इस प्रकार की मिली-जुली शैली व्यवहारिक दृष्टि से स्वीकार्य नहीं है।

ऐसा लगता है कि कुछ लोगों को हिन्दी में उर्दू शब्दों से कम शिकायत होती है लेकिन संस्कृत के शब्द ज़्यादा कठिन लगते हैं चाहे दोनों को समझने में कठिनाई बराबर हो। यह एक प्रकार की मानसिकता है जिसका संबंध कई प्रकार के ऐतिहासिक और राजनीतिक कारणों से है। इसका संबंध भाषा के कठिन या आसान होने से नहीं है। यह ठीक है कि उर्दू के अनेकानेक शब्द बोलचाल की भाषा का हिस्सा बन चुके हैं परन्तु इसका यह मतलब नहीं है कि उर्दू का हर शब्द हिन्दी भाषियों के लिए समझना आसान है।

भाषा संबंधी इस मानसिकता का एक दूसरा पक्ष भी है। हिन्दी भाषियों के घरों में अंग्रेज़ी का शब्दकोश अवश्य देखने को मिलता है परंतु हिन्दी का शब्दकोश प्रायः देखने को नहीं मिलता। इसका मतलब यह है कि अपनी भाषा को सुधारने के लिए जो सतत प्रयत्न होना चाहिए उसमें हमारी अपनी ही कमी रह जाती है। अपनी भाषा में भी अच्छा ज्ञान परिश्रम के बिना प्राप्त नहीं होता है।

11. बच्चे भाषा कैसे सीखते हैं?

इस लेख में सामान्य सिद्धान्तों की चर्चा है जो हिन्दी के सीखने और सिखाने पर भी लागू होंगे।

किसी भी भाषा के एक पीढ़ी से दूसरी पीढ़ी में संचरण का मूलभूत सिद्धान्त यह है कि अगर वह भाषा रोज़मर्रा के कामकाज में बोली जाती है तो उसे अपने आसपास के वातावरण में सुन-सुनकर बच्चे अनायास ही वह भाषा सीख लेते हैं। यह हम सभी के अनुभव की भी बात है। परंतु वयस्क लोग अपने आसपास की कोई दूसरी भाषा अनायास नहीं सीख पाते। बच्चों के मस्तिष्क के बाएं भाग में एक शिरा है जो बारह वर्ष की आयु तक इतनी लचीली और इतनी सुग्राही होती है जो एक तो क्या, एक से अधिक भाषाएं भी सुन-समझ कर उन्हें सहज ही आत्मसात् कर लेती है। भारत के महानगरों में इस तरह के दृष्टान्त आसानी से देखने को मिल जाते हैं जहां बच्चे गुजराती, हिन्दी, मराठी और अंग्रेज़ी आदि भाषाएं खेल ही खेल में सीख लेते हैं और हाई स्कूल तक पहुंचते पहुंचते दो तीन भाषाएं तो यूं ही बोलने लगते हैं।

बच्चे के कान में पहले पहल अपने माता-पिता के ही शब्द पड़ते हैं और शायद पिता से भी पहले माता की प्यार-भरी ध्वनियों से उसका हृदय झंकृत होता है। अपनी छोटी सी दुनिया में अनौपचारिक संदर्भों में बच्चे माता-पिता और परिवार के अन्य जनों की भाषा सुनते रहते हैं और फिर उसी

सुनी हुई भाषा को आधार बना कर धीरे धीरे कुछ बोलना शुरू करते हैं। तीन वर्ष की आयु तक वे अपनी बात को छोटे छोटे परंतु पूरे पूरे वाक्य बोलकर अपनी बात समझाना शुरू कर देते हैं और लगभग पांच वर्ष की आयु तक पहुंचते पहुंचते तो उन्हें अपनी भाषा की लगभग सभी ध्वनियों का, पूरे वाक्य विन्यास का, और क्या दूसरों के कहे में क्या अभिप्रेत है और क्या हंसी-मज़ाक है इसका भी अच्छा ज्ञान होने लगता है। बच्चे धीरे धीरे उसी प्रकार से बोलने लगते हैं जैसे उनके घर के बड़े जन बोलते हैं। हम बच्चों की पहली भाषा को उनकी मातृभाषा कहते हैं परंतु वास्तविकता यह है कि माता-पिता के अलावा बच्चों की भाषा पर अपने संगी-साथियों की भाषा का भी बड़ा गहरा असर पड़ता है। उनका असर इतना अधिक पड़ता है कि यह निश्चय के साथ कहा जा सकता है कि उनके संगी-साथियों की भाषा का असर तो दीर्घ काल तक उनकी भाषा में जीवित और सशक्त रहने वाला है परंतु माता-पिता की भाषा का असर बचेगा या नहीं यह एक प्रश्न ज़रूर हो सकता है। अगर एक या एक से अधिक भाषाएं कुल मिलाकर बचपन में खूब अच्छी तरह अलग अलग संदर्भों में सुनी हैं और खूब बोली हैं तो बड़े होने पर वे सब निश्चित बनी रहेंगी। बच्चा बड़े हो कर एक से अधिक भाषाओं पर अपना अधिकार रखेगा इसमें सन्देह नहीं। और यदि ऐसा होता है तो उन्हीं भाषाओं के माध्यम से अलग अलग संस्कृतियों या उपसंस्कृतियों में उसकी पैठ जमेगी।

एक बात जो विशेष रूप से यहां उल्लेखनीय है वह यह कि बच्चा वही भाषा या भाषाएं सीखता है जिसकी या जिनकी उसे, वास्तविक जीवन में आवश्यकता होती है। जिसकी आवश्यकता नहीं होती उसे प्राप्त करने की इच्छा बहुत कमज़ोर हो जाती है। यह आवश्यकता का भाव ही हर मनुष्य को

सुनने, समझने और बोलने के लिए बचपन में और बाद में भी प्रेरित करता रहता है। कहते हैं कि आवश्यकता आविष्कार की जननी है। भाषा के सीखने में और उसमें प्रवीणता प्राप्त करने के संदर्भ में भी यह बात पूरी उतरती है।

एक और महत्वपूर्ण बात - बच्चा या बड़ा कोई भी भाषा उतनी ही मात्रा में सीखता है जितनी उसे आवश्यकता होती है। आवश्यकताओं का आकलन सबका अपना अपना है। कुछ बच्चे बड़े होकर अपने व्यवसाय या नौकरी में सफलता के लिए अपनी भाषा अच्छी करना चाहते हैं तो दूसरे सामाजिक सफलता व प्रतिष्ठा के लिए इस कला में निपुण होना चाहते हैं और कुछ ऐसे भी होते हैं जो स्वान्तःसुखाय अपनी भाषा को सुधारने में लगे रहते हैं। अधिकांश लोगों के लिए यह कहा जा सकता है कि जितनी भाषा से उनका काम चलता है उतनी भाषा में ही वे संतुष्ट रहते हैं।

भारत में तो बच्चे अपनी भाषा के साथ ही बड़े होते हैं। खेल खेल में सुनना, समझना और बोलना सीख जाते हैं। लिपि सीखने का क्रम भी तीन चार साल की उमर में शुरू हो जाता है और छह सात साल की आयु से लिखित भाषा के साथ भी परिचय बढ़ने लगता है। इस स्तर से वर्षानुवर्ष आगे चलते हुए औपचारिक शिक्षा के संदर्भ में भाषा की औपचारिक और पारिभाषिक शब्दावली का ज्ञान धीरे धीरे आवश्यकतानुसार बढ़ना शुरू हो जाता है। हिन्दी और अन्य भारतीय भाषाओं में भाषा-द्वैत की स्थिति है और इस स्थिति में औपचारिक शब्दावली को सीखने के लिए प्रायः एक हद तक औपचारिक प्रयास की आवश्यकता बराबर बनी रहती है। इसलिए स्कूल या कालेज में शिक्षा का महत्व बहुत बढ़ जाता है। एक बात निश्चित है कि किसी भी भाषा में अच्छा होने के

लिए उसमें सचेत प्रयत्न की आवश्यकता होती है। प्रयत्नों की इस कड़ी में अच्छी भाषा सुनना-समझना, विविध शैलियों में पुस्तकें पढ़ना-समझना और जब जब ज़रूरत हो तब तब शब्दकोश की सहायता से नए नए शब्द सीखना शामिल हैं। विविध पुस्तकें पढ़ते की आदत इस प्रसंग में सबसे अधिक उपयोगी सिद्ध होती है।

जो समाज मूल रूप से एकभाषी हैं उनमें यह प्रक्रिया बड़ी सीधी और स्पष्ट दिखाई देती है। परंतु जो बहुभाषी समाज हैं और जहां बच्चों समेत सबके लिए एक से अधिक भाषा सीखना ज़रूरी हो जाता है वहां यह प्रक्रिया कुछ जटिल हो जाती है। भारत जैसे समाज में सब विद्यार्थी त्रि-भाषा-सूत्र के अधीन तीन भाषाएं सीखते हैं। इनमें से कम से कम दो तो सब शुरू से ही पढ़ते हैं। अंग्रेज़ी पहले शुरू से नहीं पढ़ाई जाती थी परन्तु लोगों की मांग पिछले वर्षों में बराबर बढ़ती रही है कि अंग्रेज़ी पाठ्यक्रम में जल्द से जल्द लाई जाए। अंग्रेज़ी के ज्ञान से मिलने वाली सामाजिक प्रतिष्ठा और कार्य-क्षेत्र में आर्थिक प्रगति के नए नए द्वार खोलने की शक्ति होने के कारण यह मांग स्वाभाविक है। इसमें कोई सन्देह नहीं है कि भाषा-शिक्षण की दृष्टि से दो भाषाएं एक साथ पढ़ना संभव है और विद्यार्थियों को इसमें कोई दिक्कत नहीं होनी चाहिए। परन्तु व्यवहार में अंग्रेज़ी के लिए अधिक मान होने के कारण उसके सीखने-सिखाने पर ज़्यादा ज़ोर दिया जाता है और आर्थिक सीढ़ी पर ऊपर चढ़ने के लिए हिन्दी की उपयोगिता कम होने के कारण उसपर ध्यान कम दिया जाता है। परिणाम-स्वरूप हिन्दी में बोलचाल की भाषा से ऊपर की प्रवीणता का पूरा विकास नहीं होता और विशेषकर लिखने में शुद्ध हिन्दी लिखने में काफ़ी कमी रह जाती है।

हिन्दी के लिए यह दुर्भाग्य की बात है कि अपने ही देश में उसका महत्व कम हो। न तो इस प्रकार का कम महत्व संप्रेषण की व्यावहारिक कुशलता के लिए अच्छा है और न ही भारत के राष्ट्रीय स्वाभिमान की दृष्टि से यह उचित है। परिणाम यह हो रहा है कि आज भारत में बच्चों की भाषिक कुशलता न हिन्दी में अच्छी बन रही है और न ही अंग्रेज़ी में अच्छी हो रही है। हिन्दी में इसलिए नहीं कि उसपर ध्यान नहीं दिया जा रहा और अंग्रेज़ी में इसलिए अच्छी नहीं कि अपनी भाषा न होने के कारण बच्चों की (और बड़ों की) उसपर वह पकड़ नहीं है जो उनकी अपनी भाषा पर है।

अगर हिन्दी को अपनी प्रमुख भाषा के रूप में विधिवत् पढ़ा जाए और अंग्रेज़ी के ज्ञान का अर्जन एक विदेशी भाषा के रूप में विधिवत् किया जाए तो दोहरी भाषिक शक्ति से समाज के लोगों का व्यक्तित्व अधिक प्रखर होकर निकलेगा। हर विद्यार्थी के मस्तिष्क में हिन्दी का आधार पुख़्ता है और उसे और दृढ़ करना आवश्यक भी है, स्वाभाविक भी है और अपेक्षाकृत सरल भी है। समाज के लोगों के मन में भाषा के प्रति बंटी हुई वफ़ादारी दोनों भाषाओं के विकास में एक बड़ी रुकावट है।

12. विदेशी भाषा के रूप में हिन्दी सीखना-सिखाना

जिस भाषा को हम घर में या आस-पड़ोस में बचपन से सुनते आए हैं उसे हृदयंगम करना और उसमें सुनना-समझना और फिर उस भाषा में बोलकर अपनी बात कहने की क्षमता विकसित करना एक सहज और अनायास प्रक्रिया है। बड़े होकर कक्षा के वातावरण में व्याकरणिक विश्लेषण के आधार पर कोई नई भाषा सिरे से सीखना एक दूसरे प्रकार की प्रक्रिया है जिसे बाल्य-सुलभ सहजता से नहीं जोड़ा जा सकता। तब वह एक बौद्धिक, सचेत और सायास प्रक्रिया बन जाती है। बड़े होकर कोई भी नई भाषा सीखना परिश्रम-साध्य होता है और इस कष्टपूर्ण मार्ग से गुज़रने के बाद भी उस भाषा में पूरी व्याकरणिक निपुणता नहीं आ पाती। इन दो अवस्थाओं में अन्तर का संबंध मस्तिष्क के बाएं हिस्से में स्थित एक विशिष्ट स्नायु-तंत्र से है जो लगभग 12 वर्ष की आयु के बाद कुंठित होना शुरू हो जाता है।

दूसरे वर्गों, देशों या संस्कृतियों की भाषा सीखना कुछ ख़ास वर्गों के लिए हमेशा से एक आवश्यकता रहा है और इन वर्गों के लोग पीढ़ियों से दूसरों की भाषा सीखते आए हैं। इन वर्गों में धर्म-प्रचारक, गुप्तचर, राजनयिक, व्यापारी और शोधकर्ता शामिल हैं। हाल में आधुनिक शिक्षा के संदर्भ में दूसरी संस्कृतियों को समझने के लिए विदेशी भाषाएं पढ़ने-

पढ़ाने का महत्व शैक्षिक कारणों से बहुत बढ़ा है। अनेकानेक विदेशी भाषाओं को सीखने के पाठ्यक्रम अनेक संस्थाओं की शिक्षा-प्रणाली में आज उपलब्ध हैं। दूसरे समाजों के अन्दर घुसकर उन्हें बारीकी से समझने के लिए उनकी भाषा और संस्कृति का ज्ञान वस्तुपरक शोध का अनिवार्य अंग-सा बन गया है।

जब भी हम किसी नई भाषा को सीखने या सिखाने की कल्पना करते हैं तो भाषा के चार पक्ष हमारे सामने आते हैं। ये पक्ष हैं – सुनकर समझना, बोलकर अपने विचारों को व्यक्त करना, पढ़कर समझना और उद्दिष्ट भाषा में लिख पाना। हर वयस्क शिक्षार्थी के लिए इन चारों पक्षों में प्रवीणता पाना प्रायः आवश्यक नहीं होता। किसी भी भाषा को सीखने की क्लिष्टता को ध्यान में रखते हुए और आज के जीवन की व्यस्तता के संदर्भ में विद्यार्थी अक्सर उतना ही सीखने की योजना बनाते हैं जिससे उनका काम चल जाए। उदाहरण के लिए इतिहास में शोध करने वाला विद्यार्थी प्रधान रूप से लिखे हुए पुराने या आधुनिक अभिलेख पढ़ना चाहता है और इसलिए वह पढ़ने पर ज़्यादा ज़ोर देता है। इसी प्रकार मानव-शास्त्र का शोध-कर्ता लोगों से बातचीत करने के लिए समझने और बोलने के पक्षों पर अधिक समय लगाता है। मौखिक प्रावीण्य के लिए सुनने-समझने में भी कुशलता प्राप्त करना अनिवार्य है परंतु जिस व्यक्ति के लिए टेपबद्ध या चलचित्रों की भाषा को समझना ही उसके शोध से संबंध रखता हो वहां सुनने समझने पर ही ज़्यादा ज़ोर दिया जाएगा। ऐसा प्रायः देखने में आया है कि दूसरी भाषा में लिखने की आवश्यकता विद्यार्थियों को अपेक्षाकृत सबसे कम महसूस होती है और इसी कारण से उस पक्ष पर सामान्यतया सबसे कम समय लगाया जाता है। आम

तौर पर उद्दिष्ट भाषा को सुनकर समझना और बोलना कमोबेश अधिकांश लोगों का लक्ष्य रहता है।

किसी भी भाषा को सीखने सिखाने की दृष्टि से निम्न अवयवों पर ध्यान दिया जाता है - लिपि, व्याकरण, शब्दावली, कुछ व्यावहारिक वाक्य, व्यावहारिक प्रयोग के नियम, विचारों को अभिव्यक्त करने की शैली, और भाषा के प्रयोगों में गुथी हुई सभ्यता और संस्कृति के महत्वपूर्ण भागों का समुचित ज्ञान। इनमें से यहां व्याकरण, शब्दावली, व्यावहारिक प्रयोग के नियम, विचार अभिव्यक्त करने की शैली और सभ्यता-संस्कृति संबंधी ज्ञान पर ही चर्चा की जाएगी। लिपि व व्यावहारिक वाक्यों के बारे में स्वतःस्पष्टता के कारण विशेष कुछ कहने को नहीं है। व्यावहारिक वाक्यों से अभिप्राय उन वाक्यों से है जो प्रयोग में बहुतायत से आते हैं और कक्षा के संदर्भ में जिनका प्रयोग शुरू से ही संभव है। इनकी एक सूची बना कर विद्यार्थियों को दी जा सकती है और रोज़ बारंबार इस्तेमाल करने से थोड़े समय में प्रयोगकर्ता उनके प्रयोग में अभ्यस्त हो जाते हैं (जैसे – नमस्ते, आप कैसे हैं? ठीक हूं, फिर से कहिए, ज़ोर से बोलिए, आदि)।

छोटे छोटे वाक्य बनाने के लिए व्याकरणिक नियमों के ज्ञान की ज़रूरत होती है। जो वाक्य एक शिशु के लिए खेल खेलने के समान एक सामान्य क्रिया है उसी वाक्य का नियम-सम्मत संयोजन एक वयस्क के लिए एक प्रक्रिया बन सकता है। उस वाक्य की निर्मिति कितनी व्याकरण-सम्मत होती है यह इस बात पर निर्भर करता है कि उस वाक्य-प्रकार की पूर्व में कितनी बार आवृति (ड्रिलिंग) की गई है। इसके अतिरिक्त, प्रोक्ति (डिस्कोर्स) के स्तर पर एक वाक्य से दूसरा वाक्य किसी विशिष्ट संदर्भ में कैसे प्रवाहित हो यह एक वाक्य के संयोजन

से भी अधिक दुष्कर कार्य है। इस स्तर पर अधिकांश व्याकरणिक नियम तो अभी सामने नहीं आए हैं और शिक्षक और शिक्षार्थी दोनों यह आशा करते हैं कि संयोजक-शब्दों की सहायता से यह अभ्यास-जन्य प्रक्रिया धीरे धीरे स्वतःस्फूर्त या अन्तःदृष्टि-स्फूर्त बन जाएगी।

आइए व्याकरणिक नियमों के एक दो उदहारणों की चर्चा करते हैं। नीचे लिखे वाक्यों को ध्यान से पढ़िए और रेखांकित शब्दों के रूप का कारण बताइए।

1. सुचेता ने अपने भाई से कुछ कहा।
2. छात्रों के लिए कुछ चीज़ें चाहिए।
3. पिता ने अपनी बेटी को किताब दी।
4. हम वहां शाम को खेलने जाते हैं।

पहले वाक्य में 'ने' का प्रयोग किस कारण से है? दूसरे वाक्य में 'छात्रों' शब्द का प्रयोग क्यों हो रहा है? तीसरे वाक्य में क्रिया स्त्रीलिंग क्यों है? और चौथे वाक्य में 'खेलना' का प्रयोग न करके 'खेलने' शब्द का प्रयोग क्यों है? विदेशी भाषा के शिक्षण-संदर्भ में इन सभी प्रश्नों का समाधान बड़े स्पष्ट नियमों से किया जाता है। उदाहरण के लिए कर्ता के बाद 'ने' का प्रयोग हमेशा होता है जब उस वाक्य का क्रियापद सकर्मक हो और पूर्णकालिक हो। दूसरे वाक्य में परसर्ग से पहले संज्ञापद का रूप अलग होता है जिसे व्याकरण की भाषा में तिर्यक् रूप कहते हैं। तीसरे वाक्य में क्रियापद की अन्विति परसर्ग-रहित संज्ञा से ही होती है और चौथे वाक्य में परसर्ग 'के लिए' अपने मूर्त रूप में उपस्थित नहीं है परंतु वहां उसका अस्तित्व विवक्षित होने के कारण, उसका पूर्ववर्ती रूप 'खेलने' अपने तिर्यक् रूप में यहां विद्यमान है।

इस प्रकार के अनेकानेक नियम हैं जो भाषा की नियम-बद्धता को प्रकट करते हैं। ऐसे नियमों को समझना वयस्क विद्यार्थियों के लिए कठिन नहीं होता परंतु संदर्भगत पारिभाषिक शब्दावली को समझने में समय अवश्य लगता है और इन नियमों की सहायता से उद्दिष्ट भाषा के वाक्यों की उत्पत्ति में अभ्यास की आवश्यकता सबसे अधिक प्रतीत होती है। यह एक बौद्धिक, आवृतिपरक और अभ्यासपरक प्रक्रिया है जिसमें से वयस्क शिक्षार्थियों को एक लम्बे समय तक गुज़रना पड़ता है।

नई भाषा की शब्दावली सबसे बड़ी चुनौती होती है। नए नए शब्द, उनके पर्याय, उनके प्रादेशिक और सामाजिक रूपान्तर एक अनन्त चुनौती है। अपनी भाषा में भी नए नए शब्द सीखने की प्रक्रिया बराबर जारी रहती है परंतु विदेशी भाषा में तो कई बार असामान्य शब्दों के अतिरिक्त छोटे छोटे हल्के फुल्के शब्द भी सीखने का क्रम लगातार बना रहता है। शब्दावली में पर्यायवाची शब्दों में अर्थभेद या संदर्भ-भेद (जैसे – पानी, जल, नीर) की बारीकियों को समझना अपने-आप में एक लम्बा रास्ता है। इसी प्रकार अनेकार्थक शब्द (जैसे कर के अलग अलग अर्थ), एक जैसे लगने वाले शब्द (जैसे – बनावट, बुनावट; वीर, वीराना), नव-निर्मित शब्द (पूर्वराग, प्रौद्योगिकी, त्रिआयामी), मुहावरे (जैसे- छक्के छूटना, छक्के मारना) भी बाहर से भाषा सीखने वालों के लिए रुकावटें पैदा करते हैं।

व्यावहारिक प्रयोग के नियम भाषागत नियमों से अलग होते हैं। कुछ नियम सरल हैं – किसके साथ 'तू' का प्रयोग किया जाए, किसके साथ 'तुम' का प्रयोग किया जाए और किसके साथ 'आप' का प्रयोग किया जाए? परंतु इस

सरल नियम का एक क्लिष्ट पक्ष देखिए। ईश्वर को हम 'तू' कहकर क्यों पुकारते हैं? मां को हम 'तू' क्यों बुलाते हैं? पिता को हम तू क्यों नहीं बुलाते? संभव है कि अलग अलग शिक्षक या हिन्दी-भाषी विद्वान इन प्रश्नों का उत्तर अलग अलग दें। व्यावहारिक प्रयोग का एक और उदाहरण देखिए –

राम दशरथ के सबसे बड़े लड़के थे।
सीता राम की रानी थीं।

इन उदाहरणों में हम देखते हैं कि आदर देने के लिए पहले वाक्य में राम के सूचक सभी रेखांकित शब्द बहुवचन हैं परंतु दूसरे वाक्य में आदर देने के लिए सीता-सूचक सभी शब्दों में ऐसा नहीं है। प्रश्न उठता है कि पहले वाक्य की तरह यहां 'रानी' का 'रानियां' क्यों नहीं बना जबकि क्रियापद 'थीं' बहुचचन में है? व्यावहारिक प्रयोग का एक और उदाहरण देखिए –

पहला वक्ता – आप शादी पर पहुंचेंगे न?
दूसरा वक्ता – नहीं नहीं, ज़रूर पहुंचेंगे।

यहां दूसरे वाक्य में क्या 'नहीं नहीं' का प्रयोग निषेधात्मक है? अगर निषेधात्मक नहीं तो इसका मतलब क्या है?

इसी प्रकार के प्रयोग-संबंधी अनेक नियम हैं जिनका ज्ञान भाषा के सही प्रयोग के लिए अनिवार्य है। इन्हें आत्मसात् करना समय-साध्य ज़रूर है पर वयस्क विद्यार्थियों के लिए प्रायः मुश्किल नहीं होता।

एक और आयाम देखिए - हर भाषा में विचारों को बांधने की शैली भी अलग अलग होती है। अमरीका का पढ़ा-लिखा अंग्रेज़ी-भाषी संदर्भगत विषय पर अपने विशिष्ट विचार प्रायः पहले रखता है और समय होने पर तद्विषयक सामान्य

या अतिरिक्त विचारों को बाद में लाता है। हिन्दी-भाषी के लिए ऐसा कोई व्यावहारिक नियम नहीं है। इस प्रकार के व्यावहारिक नियमों में अन्तर होने के कारण अलग अलग संस्कृतियों से आने वाले व्यक्तियों के विचार-विनिमय में कभी कभी दिक्कतें हो जाती हैं।

सभ्यता और संस्कृति के मूल्यों और तथ्यों से परिचय उस भाषा को समझने और उसका प्रयोग करने में अत्यन्त सहायक होता है। 'सप्तपदी' का पारंपरिक अर्थ मालूम होने पर ही शादी के संदर्भ में इसका ठीक अर्थ समझ आएगा। हरिद्वार में 'अस्थिप्रवाह घाट' की नामपट्टी पढ़कर उसके ठीक अर्थ का ज्ञान न होने पर विदेशी असमंजस में पड़ जाएगा। कुछ घरों में पिता को बच्चे 'चाचा' कहकर बुलाते हैं। समाज के अन्दर रहने वालों को पता हे कि इस प्रकार का प्रयोग संयुक्त परिवार में निहित है परंतु बाहर वालों के लिए संयुक्त परिवार की कल्पना जाने बिना ठीक अर्थ और उसका कारण समझ पाना संभव नहीं। बड़ों को नाम से न बुलाने का संबंध सामाजिक मूल्यों से है जहां नाम न लेकर बुलाने का मतलब आदर है। घर में आए अतिथि का सत्कार और उसके प्रति आदरसूचक औपचारिक भाषा का प्रयोग भी परंपरा से संबंध रखता है। 'यह आपका ही घर है'- यह अपने शाब्दिक अर्थ में नहीं लिया जा सकता। किसी दुकानदार का यह कहना कि 'आइए बहन जी' – समाज की व्यवस्था की कल्पना को लेकर एक प्रयोग है। कभी कभी इन छोटे छोटे तथ्यों की बारीकियां आसानी से नहीं बताई जा सकतीं। 'बड़ों के सामने नहीं बोला करते' – इस वाक्य के अर्थ को समझने के लिए भारत की सामाजिक परंपरा को समझना आवश्यक है। इसी तरह 'दधीचि की अस्थियों जैसा त्याग', 'नूपुरों की पहचान

वाली श्रद्धा' जैसे वाक्यांशों को समझने के लिए भारतीय इतिहास की कथाओं से परिचय आवश्यक है।

किसी भी समाज के बारे में सभ्यता और संस्कृति के ज्ञान का यह क्षेत्र एक निरंतर परिवर्तनशील क्षेत्र है जिसमें पारंपरिक मूल्यों और व्यावहारिक नवीनताओं के बीच संघर्ष बराबर चलता रहता है। ऐसे संघर्ष को भी समझना आवश्यक है। इस संघर्ष को समझ कर ही उन मूल्यों के आंशिक पालन की बात समझ में आने लगेगी। मुहल्ले की एक छोटी दुकान पर आने वाली महिला को 'बहन जी' कहकर संबोधित करना उचित लगता है परंतु किसी बड़े फ़ैशनेबल स्टोर पर किसी पढ़ी-लिखी फ़ैशनेबल महिला को दुकानदार संभवतः 'मैडम' कहकर ही पुकारना चाहेगा। दूसरे समाज में घुसकर किसी पुरुष के लिए अपने से बड़ी आयु की महिलाओं से या बराबर की उमर की महिलाओं से या अपने से छोटी आयु की महिलाओं से कैसे व्यवहार करना, उनको कैसे संबोधित करना, उनसे कितनी दूरी पर खड़े होना, उनसे कैसे प्रश्न न पूछना आदि बहुत महत्वपूर्ण बातें है जिनके बारे में जानकारी बाहर से आने वाले व्यक्ति को होनी चाहिए। इसी प्रकार धन्यवाद देने के नियम या किसी व्यक्ति या वस्तु की तारीफ़ करने के नियम भी अलग अलग हो सकते हैं। अमरीकी समाज में छोटी छोटी बातों पर भी धन्यवाद देने की प्रथा काफ़ी प्रचलित है और इसी प्रकार वहां किसी के यहां खाने पर जाएं तो खाने की तारीफ़ करना आवश्यक सा हो जाता है। भारत में ये तरीके कुछ अलग से हैं।

भाषा सीखने के इन अवयवों के अतिरिक्त कुछ सिद्धान्त हैं जिनको समझना शिक्षक और शिक्षार्थी दोनों के लिए महत्वपूर्ण है। ये हैं – अधिकृत सामग्री का प्रयोग, सामग्री का

स्तरीकरण, पढ़ने-पढ़ाने में का x+1 सिद्धान्त का पालन और सामग्री पर आधारित अभ्यासिकाओं का प्रयोग। चूंकि शिक्षार्थी को अन्ततोगत्वा भाषा-क्षेत्र में जाकर लोगों के मुख-विवर से निकली जीवन्त भाषा को समझना है इसलिए यह आवश्यक है कि वह उस जीवन्त भाषा की सामग्री पर आधारित सामग्री का ही अध्ययन और अभ्यास करे न कि शिक्षक के द्वारा लिखी गई कृत्रिम सामग्री का। पढ़ने पढ़ाने के लिए विशेष रूप से लिखी गई सामग्री में जीवन्त भाषा के कुछ तत्व नहीं आ पाते क्योंकि ये लिखने वाले के चेतन मन का हिस्सा नहीं होते। जैसे- '<u>भला</u> वह क्यों यहां आने लगा'? 'आप एक बार हमारे यहां आइए तो <u>सही</u>', 'वह मेरी बात <u>कहां</u> मानता है'? इसके अतिरिक्त वाक्यों के शब्द-क्रम में अप्रत्याशित परिवर्तन (जैसे – 'हां, वह अपनी दुकान पर गया है' के स्थान पर 'दुकान, अपनी दुकान पर हां वह गया है'), अकस्मात् होने वाली या अज्ञानवश अपनी ही भाषा में त्रुटियां (जैसे – 'सहस्र' और 'स्रोत' के स्थान पर 'सहस्त्र' और 'स्त्रोत', 'श्रृंगार', 'संग्रहीत'), उच्चारण में 'थ' को 'ध' जैसे बोलना आदि। अधिकृत भाषा या लोक-व्यवहार भाषा के कुछ और नमूने देखिए जहां रेखांकित अंशों में मानक हिन्दी की दृष्टि से कुछ न कुछ त्रुटि रह गई है। ये सभी उदाहरण हिन्दी भाषी क्षेत्र उत्तराखंड के हरिद्वार क्षेत्र से हैं –

- कृपया अपने <u>जूतें</u> चप्पल-स्टैंड पर ही उतारें
- कम उमर में शादी, पिछ<u>ड़ा</u> परिवार, अधिक बरबादी
- प<u>ढ़ी</u> लिखी ल<u>ड़</u>की रोशनी घर की
- यह पानी पीने योग्य नहीं है। कृपया इसे <u>ना पीयें</u>।
- होलिस्टिक मेडीसीन में मरीजों को सोमवार व शुक्रवार को ही <u>देखे जाते हैं</u>।
- <u>सत्यम शिवम सुन्दरम</u>

- रुद्राक्ष ब्रूक्ष
- देवता आशीर्वाद देने में तब गुंगे रहते हैं जब हमारा हृदय उनकी वाणी सुनने में बहरा रहता है।
- जेब कतरों से सावधान रुहे

ये सभी तत्व जीवन्त भाषा के अंग हैं और त्रुटिपूर्ण होने के बावजूद उनसे परिचित होना शिक्षार्थी के लिए बहुत सहायक है ताकि वह उन्हें देखकर या सुनकर चकराए नहीं। अगर शिक्षक अशुद्ध प्रयोगों को अपनी पाठ्यपुस्तक में लाने से कतराता है तो कम से कम वह इतना तो कर ही सकता है कि दूसरे या तीसरे साल में अपने विद्यार्थियों को ऐसे अशुद्ध नमूनों से परिचित कराके उन्हें जीवन्त भाषा के प्रति यथार्थवादी बना दे।

यह ठीक है कि प्रारम्भिक स्तरों के लिए अधिकृत सामग्री इतनी सुलभ नहीं होती। बहुत कुछ तो मिल जाता है परंतु फिर भी कुछ अंशों के लिए थोड़ा-बहुत समझौता करना पड़ता है। इस सारी संगृहीत सामग्री का स्तरीकरण भी बहुत आवश्यक है। हर स्तर के लिए उचित सामग्री का उपयोग सीखने-सिखाने में प्रभावी सिद्ध होता है। अमरीका के शिक्षा-क्षेत्र में भाषा-सामग्री का स्तर निर्धारित करने के लिए एक मानक मापदंड उपलब्ध है। इसको अंग्रेज़ी में आई०एल०आर० स्केल कहते हैं। अगले सिद्धान्त x+1 के अनुसार हमें उसी सामग्री का इस्तेमाल करना चाहिए जो विद्यार्थी के वर्तमान स्तर से थोड़ी सी आगे हो। यह अनुभव-सिद्ध और शोध-प्रमाणित तथ्य है कि ऐसी सामग्री का लाभ अधिकतम होता है। अंतिम सिद्धान्त के अनुसार शिक्षार्थी जो सीखता है उसका अभ्यास करने के लिए सुनियोजित अभ्यासिकाएं उसे उपलब्ध

हों। ये अभ्यासिकाएं उस भाषा को शिक्षार्थी के मस्तिष्क में प्रतिष्ठापित करती हैं।

जिस व्याकरणिक प्रक्रिया की चर्चा यहां हुई है वह उन शिक्षार्थियों पर लागू नहीं होती जिन्होंने अपने प्रवासी घरों में अपनी पारंपरिक भाषा को अपने प्राकृतिक संदर्भों में सुनकर न्यूनाधिक मात्रा में उस भाषा की संरचना को बचपन में आत्मसात् किया है। उन्हें विश्वविद्यालय में जाकर अपनी भाषा सीखते हुए व्याकरणिक विश्लेषणों की दुर्बोध स्थितियों से उसी मात्रा में नहीं जूझना पड़ता। अगर सिरे से शुरू करने वाले ग़ैर-भारतीय मूल के विद्यार्थियों की सीखने-सिखाने की पद्धति को हम शब्द-प्रधान या व्याकरण-प्रधान पद्धति कह सकते हैं तो प्रवासी भारतीयों के घरों में पले छात्रों के सीखने-सिखाने की पद्धति को हम अर्थ-प्रधान पद्धति कह सकते हैं। ये प्रवासी भारतीय मूल के छात्र भाषा को कमोबेश सुनकर समझ लेते हैं परंतु बोलने की क्षमता का उनका विकास बहुत कम होता है। लिखना-पढ़ना उन्हें प्रायः नही आता। इतनी सीमित प्रवीणता के बावजूद भी उनके भाषा-ग्रहण की गति बहुत तेज़ होती है। भाषा को समझने की दक्षता के साथ साथ भाषा के साथ गुथी हुए सांस्कृतिक बारीकियों की भी उनकी समझ अच्छी होती है। ऐसा अनुमान है कि भारतीय मूल के ये विद्यार्थी दूसरे विद्यार्थियों की तुलना में अपनी भाषा का विकास दो वर्षों में लगभग तीन से चार गुना तक अधिक कर लेते हैं। परंतु इन विद्यार्थियों को औपचारिक शब्दावली पर काबू पाने के लिए दूसरों की तरह उतना ही काम करना पड़ता है। जो भारतीय मूल के विद्यार्थी हिन्दी-भाषी परिवारों से नहीं होते वे भी हिन्दी-चलचित्रों के कारण और समान सांस्कृतिक आधार होने

के कारण अपना हिन्दी-भाषा-ग्रहण त्वरित गति से करते अनुभव में आए हैं।

भाषा सीखने-सिखाने की चार विधाओं की चर्चा ऊपर हुई है और उनमें प्रवीणता प्राप्त करने के सिद्धान्तों की भी चर्चा हुई है। इन सिद्धान्तों के अतिरिक्त कुछ और कार्यनीतियां हैं जिन्हें हर छात्र अपनी अपनी योग्यता और अनुभव के अनुसार अपनाता है। जहां उपर्युक्त सिद्धान्त चारों विधाओं पर लागू होते हैं, हर विधा मे प्रवीणता को बढ़ाने के लिए कुछ नई कार्यनीतियां अपनानी पड़ती हैं। भाषागत (शब्दावली, वाक्य-संरचना आदि)ज्ञान के अलावा विद्यार्थी की अपनी बौद्धिक एवं तार्किक शक्ति, अर्थ ढूंढ निकालने की कार्यनीति और सतत अनुभव से प्रखर होने की आवश्यकता होती है। सामाजिक व सांस्कृतिक सामग्री का अधिक से अधिक ज्ञान वक्ता या लेखक के मन्तव्य की गुत्थियों को सुलझाने में बड़ी मदद करता है।

विद्यार्थी के पास इतना सब कुछ होने के बावजूद भी वक्ता या लेखक अपनी बात को इतना घुमा-फिराकर कह सकता है कि उसके शब्दों का खेल भाषा सीखने वाले के लिए भूल-भुलैया बन सकता है। वक्ता या लेखक की अपनी व्यक्तिगत शैली होती है जिसमें साहित्यिक सर्जनात्मकता के अलावा हास्य व व्यंग्योक्तियों के द्वारा भाषा बड़ी आलंकारिक बन जाती है। नीचे कुछ उदाहरण देखिए -

- जब बातचीत के दौरान कहा जाए कि 'कल की ही तो बात है', तब हाल के अतीत से और जब कहा जाए कि 'कल किसने देखा है', तब आशय हाल के भविष्य से होता है।
- जब नंद ने चाणक्य को अपमानित करके दरबार से निकाला तब चाणक्य ने क्रोध से अपने बालों को झटककर कहा कि जब तक मैं नंद वंश का समूल नाश नहीं कर दूंगा तब तक चोटी में गाँठ नहीं लगाऊंगा।

- आपको बिन बताए आपके यहां यूं ही मेरा चले आना लगता है आपको रास नहीं आया। यह आपको शोभा नहीं देता। मैं तो खुले दरवाज़ों का कायल रहा हूं।
- जब अन्दर ही अन्दर प्रवहमान प्रणय की सरिता को नायिका ने अपनी ही ओर बहते देखा और नायक नायिका को बहलाने लगा तो नायिका उसके बहकाने में न आ कर वहां से चलने का बहाना मारने लगी।
- हिमाद्रि-तुंग शृंग से मानो आह्वान करते हुए शृंगी ऋषि ने दशरथ को हविष्यमान देकर कहा कि जाओ इसे रानियों में वितरित कर दो।
- गंडक सरयू शोण सरस्वती प्रयाग नर्मदा गया तथा विंध्य एवं हिमाचल के तीर्थों में घूमते शालिग्राम क्षेत्र पहुंचे।

विदेशी शिक्षार्थियों के लिए इन गद्यांशों में अलग अलग प्रकार की चुनौतियां हैं। कहीं ऐतिहासिक ज्ञान की आवश्यकता है तो कहीं शब्दों का हेरफेर है। इसके अलावा कहीं साहित्यिक प्रणाली का अवलम्बन करते हुए अभिधा को छोड़ कर लक्षणा या व्यंजना शक्ति से अर्थ पहचानने की ज़रूरत महसूस होती है।

हास्य और व्यंग्य भी अर्थ को कहीं का कहीं ले जाता है। हास्य और व्यंग्य दोनों के कुशल प्रणेता कविराज डा० अशोक चक्रधर की लेखनी से प्रसूत यह उदाहरण देखिए –

भारत में भांति-भांति के, अनुलोम विलोम वाले और कपाल-भांति के कवि पाए जाते हैं। सूर्य कुमार पांडे के अनुसार भारत में इन दिनों मुख्य रूप से दो प्रकार के कवि हैं- एक बुक वाले, दूसरे बुकिंग वाले। मैं इन्हें कहता हूं- एक पुस्तक वाले, दूसरे उस तक वाले। पुस्तक वाले, उस तक यानी श्रोता तक नहीं जाते और उस तक वाले पुस्तकों से कोई खास सरोकार नहीं रखते। उदय प्रकाश की

व्याख्या थोड़ी निर्मम है। वे मानते हैं कि साहित्य की भेड़ियाधसान में दो प्रकार के कवि होते हैं, एक अबूतर दूसरे कबूतर। अबूतर शांत और चुप रहकर घर से ही साहित्य की राजनीति करते हैं और कबूतर साहित्य की राजनीति की चिंता किए बिना इधर-उधर उड़ते फिरते हैं। ये दोनों साहित्य की मूंछ के बालों के समान दांए-बांए रहते हैं। इनके बढ़ने की दिशाएं विपरीत हैं। साहित्य की नाक के ठीक नीचे रहने के बावजूद इनमें गैप है।

इस अंश में हास्य और व्यंग्य दोनों उपस्थित हैं। समाज के अन्दर का व्यक्ति तो हंसता मुस्कुराता इन पंक्तियों के साथ मज़े से बह लेता है परंतु बाहर वाले के लिए ये छोटी छोटी चुटकियां उसे ढेर कर देती हैं। ऐसी स्थितियों में शिक्षक चुने हुए अनेक प्रकार के गद्यांशों का संग्रह विद्यार्थियों के अभ्यास के लिए समय समय पर अगर दे तो शिक्षार्थी की मुश्किलें काफ़ी हद तक आसान हो सकती हैं। भाषा सीखने-सिखाने के सिद्धान्तों को ध्यान में रखते हुए विधिवत् अभ्यास ही विदेशी भाषा की सब प्रकार की जटिलताओं को सुलझाने की एकमेव कुंजी है।

कितना अच्छा होता कि हम हर भाषा का संरचनात्मक आधार अपने बचपन में ही सहज सीख लेते और हम में से किसी भी वयस्क को भाषा सीखने का यह जटिल रास्ता न लेना पड़ता।

13. प्रवासी भारतीयों के घरों में हिन्दी का सीखना-सिखाना

भारत से बाहर बसे भारतीय मूल के परिवारों में बच्चों की भाषा-स्थिति भारत के सामाजिक वातावरण में पल रहे बच्चों से भिन्न होती है। पहली वास्तविकता तो यह है कि भारत से बाहर रहने के कारण प्रवासी भारतीयों की भाषा संबंधी ज़रूरतें बदल जाती हैं। नए देश की स्थानीय भाषा रोज़मर्रा की ज़िन्दगी का हिस्सा बनने लगती है और प्रवासियों की पहली भाषा के कुछ प्रकार्यों को हथियाने लगती है। इस तरह से माता-पिता की मूल या प्रमुख भाषा जो वे अपने साथ भारत से ले गए थे वह अपने प्रयोग में धीरे धीरे सिमटने लगती है। माता-पिता और दूसरे वयस्क अपनी भाषा भूलते तो नहीं परंतु उसका प्रयोग घर में और वहां के प्रवासी भारतीय समाज के दायरे तक सीमित हो जाता है।

प्रवासियों की पहली पीढ़ी में घर में वे आपस में और बच्चों के साथ अपनी पारंपरिक भाषा का प्रयोग कमोबेश करते ही हैं। अंग्रेज़ी-प्रधान देशों में यह देखा गया है कि घर में भी अंग्रेज़ी का प्रयोग अक्सर बढ़ जाता है और अपनी मातृभाषा का प्रयोग कम हो जाता है। अंग्रेज़ी का प्रभाव होने के बावजूद अधिकांश घरों में ऐसा देखा गया है कि कि माता-पिता आपस में बातचीत या विचार-विनिमय के लिए अपनी भारतीय मूल की प्रमुख भाषा का प्रयोग कुछ न कुछ मात्रा में करते रहते

हैं। साथ ही साथ उनमें से अधिकांश प्रवासी जन अपने मन में इस बात की कामना भी करते रहते हैं कि नए देश में आने के बावजूद उनके बच्चे उनकी मूल भाषा जानें ताकि भारत के लोगों से, भारत की धर्म-संस्कृति से और भारत में पीछे रह गए रिश्तेदारों से उनका संबंध बना रहे। बहुत से माता-पिता बच्चों को घर में ही लिखना-पढ़ना सिखाने का प्रयत्न करते हैं। जहां समान भाषा-भाषियों की संख्या पर्याप्त हो वहां लोग मिलकर बच्चों के लिए अपनी संस्कृति सिखाने के निमित्त सांस्कृतिक कार्यक्रमों का आयोजन करते हैं और इन सांस्कृतिक कार्यक्रमों में अक्सर भाषा सिखाने का प्रबंध सम्मिलित किया जाता है।

जहां तक बच्चों का संबंध है उन पर अपनी मित्र-मंडली के माध्यम से स्थानीय भाषा और संस्कृति का प्रभाव (विशेषकर अंग्रेज़ी भाषा वाले देशों में) इतना अधिक पड़ता है कि उनके अपने व्यवहार में घर की भाषा बहुत पीछे पड़ जाती है। इस तरह दूसरी पीढ़ी में धीरे धीरे भारतीय मूल के लोगों की पारंपरिक भाषा अपने स्थान से च्युत होने लगती है। इंग्लैंड, अमरीका, कैनाडा जैसे देशों में देखा गया है कि दूसरी पीढ़ी में भाषा कमज़ोर हो जाती है और तीसरी पीढ़ी में अधिकांश परिवारों में लुप्तप्राय हो जाती है। इस लोप की प्रक्रिया देखिए – पहली पीढ़ी के लोग अपने बच्चों के साथ अपनी पारंपरिक भाषा बोलते हैं, बच्चे अपने माता-पिता की बात समझते हैं परंतु उत्तर में वे अंग्रेज़ी का प्रयोग करते हैं जिसे अधिकांश माता-पिता समझ लेते हैं। इस तरह से दूसरी पीढ़ी के लोग इस भाषा को समझ लेते हैं परंतु बोलने का अभ्यास न होने के कारण उनकी बोलने की क्षमता का विकास नहीं होता। अब क्योंकि वे बोल नहीं पाते तो तीसरी पीढ़ी के

अपने बच्चों के साथ वे इस भाषा को नहीं बोलेंगे परिणाम यह होगा कि तीसरी पीढ़ी के बच्चों में इसे न समझने की क्षमता विकसित होगी और न ही वे बोल पाएंगे। किसी प्रत्यारोपित भाषा के लोप का यह सबसे तेज़ गति वाला मार्ग है जो प्रायः अंग्रेज़ी-प्रधान देशों में देखने को मिलता है।

जिन घरों में अंग्रेज़ी न समझने वाला कोई सदस्य होता है तो वहां अपनी भाषा बोलने के लिए दूसरी पीढ़ी के लोगों को बाध्य होना पड़ता है परंतु यही बाध्यता उन्हें अपनी भाषा में बोलने का अभ्यास करने का अवसर भी प्रदान करती है। इसमें कोई सन्देह नहीं है कि दूसरी और तीसरी पीढ़ी के अधिकांश सदस्यों में बोलने की प्रवीणता काफ़ी मात्रा में क्षीण हो जाती है परंतु सांस्कृतिक दृष्टि से कुछ महत्वपूर्ण शब्द उनके स्मृतिपटल पर अंकित रह जाते हैं। इन शब्दों में घर के खाने से संबंधित कुछ शब्द, धर्म-संबंधी शब्द और रिश्तेदारी के कुछ शब्द प्रायः शामिल होते हैं।

यह दुख की बात है कि अनेक देशों में प्रवासी भारतीय समाजों में भारतीय मूल की भाषाएं लुप्तप्राय हो गई हैं। मारीशस, गयाना और त्रिनीदाद जैसे देशों में जहां भारतीय मूल के लोगों की संख्या काफ़ी बड़ी थी वहां भी स्थानीय भाषाओं ने भारतीय भाषाओं को दबोच लिया है। इस ह्रास की प्रक्रिया को रोका जा सकता है या फिर कम किया जा सकता है बशर्ते अपनी भाषा के साथ गहरा प्यार हो और उसे बचाने की उत्कट इच्छा हो।

आज भारतीय मूल के लोग भारत से बाहर सौ से भी अधिक देशों में बसे हुए हैं। वे एशिया के कई देशों में हैं, योरोप में हैं, अमरीका कैनडा में हैं, दक्षिणी अमरीका के देशों में हैं, कैरिबियन द्वीपों में हैं, आस्ट्रेलिया, न्यूज़ीलैंड, फ़िजी में

है, मध्य-पूर्वी देशों में हैं और अफ़्रीका महाद्वीप के अनेक देशों में हैं, मारीशस और ला रियूनियन द्वीपों में हैं। जिन देशों की संस्कृति भारतीय संस्कृति पर हावी होती है वहां प्रवासी भारतीय लोग दूसरी संस्कृति और दूसरी भाषा को पूरी तरह से या आंशिक रूप से उन्हीं संदर्भों में अपनाने लगते हैं जहां वे पहले भारतीय संस्कृति और भारतीय भाषा का व्यवहार करते थे। अमरीका इस हावी संस्कृति का उदाहरण है। अफ़्रीका में वहां की संस्कृति प्रवासी भारतीयों पर हावी नहीं थी। इसलिए जब तक भारतीय मूल के लोग युगांडा जैसे देशों में रहे तब तक लोग अपनी भाषा में बड़े उत्साह के साथ व्यवहार करते रहे परंतु वही लोग 1972 में वहां से निकल कर जब अमरीका इंग्लैंड जैसे देशों में आकर बसने लगे तो उनकी भाषा पर अंग्रेज़ी अपना हक जमाने लगी।

भारत से बाहर, विशेषकर अमरीका में भारतीय भाषाओं को सीखने के लिए विशेषकर भारत मूल के विद्यार्थियों को (परंतु दूसरों को भी) आज चार कारणों से नया प्रोत्साहन मिला है। आज हर विचारशील व्यक्ति यह बात समझता है कि उदीयमान और आर्थिक दृष्टि से सशक्त भारत में लोगों से व्यवहार करने के लिए अंग्रेज़ी के अलावा हिन्दी जानना बहुत महत्वपूर्ण है। और भी भाषाएं आती हों तो सोने में सुहागा है। दूसरा कारण हिन्दी सिनेमा है जो प्रवासी भारतीयों के मनोरंजन का प्रधान स्रोत है। तीसरा कारण भारत में बसे रिश्तेदार हैं जिनसे मिलने में दूरी अब व्यवधान नहीं है और फ़ोन पर बातें करना और गप्पें मारना इतना सस्ता हो गया है कि उनसे बराबर संपर्क बना रहता है। इन तीन कारणों के अतिरिक्त चौथा कारण है अमरीका जैसे देश में विदेशी भाषाएं सीखने के लिए नया प्रोत्साहन जिसकी वजह से भाषा-संबंधी

नए शैक्षिक परिवर्तन आ रहे हैं। 6 जनवरी, 2007 को राष्ट्रपति जार्ज बुश ने कुछ अन्य भाषाओं के साथ हिन्दी को भी अमरीकी स्कूलों और कालेजों में पढ़ाए जाने के लिए अपनी योजना का स्पष्टीकरण किया। आर्थिक दृष्टि से बढ़ते हुए भारत के साथ अपने संबंध मज़बूत करने के लिए हिन्दी के महत्व का विचार इस योजना के पीछे है। इन सब कारणों की वजह से अपनी पारंपरिक भाषाओं के संरक्षण का और उनके ज्ञान को आगे बढ़ाने का एक नया वातावरण कम से कम अमरीका में तो तैयार हो रहा है।

अमेरिका के विश्वविद्यालयों में हिन्दी पढ़ने वालों छात्रों की संख्या बराबर बढ़ रही है। लगभग सौ संस्थानों में हिन्दी के कार्यक्रम चल रहे हैं। हिन्दी सीखने वाले छात्रों में भारतीय मूल के छात्रों की संख्या लगभग 75 प्रतिशत है। भारतीय मूल के छात्रों को हिन्दी पढ़ाने की प्रणाली दूसरे छात्रों से काफ़ी मायनों में अलग होती है। जहां दूसरे छात्रों की शिक्षण-प्रणाली को हम शब्द-प्रधान या व्याकरण-प्रधान प्रणाली की संज्ञा दे सकते हैं वहां भारतीय मूल के छात्रों की शिक्षण-प्रणाली अर्थ-प्रधान होती है। इसका अर्थ यह है कि उन्हें एक एक शब्द नहीं सीखना होता। थोड़ी सी सहायता पाकर उनके अन्दर सोई हुई भाषा जागने लगती है और थोड़े समय में ही उनकी उपलब्धि दूसरों की तुलना में बहुत ज़्यादा होती है। उनकी हिन्दी को पटरी पर लाने के लिए उनको क्या आता है और कहां कहां उनकी कमज़ोरी है इसका विश्लेषण पिछले वर्षों में हुआ है। उदाहरण के लिए वे काफ़ी कुछ समझते हैं परंतु उनके बोलने का सामर्थ्य बहुत सीमित होता है। जब वे बोलने का प्रयत्न करते हैं तो उनकी भाषा बहुत टूटी-फूटी होती है। इसका मतलब है कि उसमें शब्दावली बहुत सीमित होती है

और उसमें व्याकरण की बहुत विसंगतियां होती है। क्रिया के साथ कर्ता या कर्म का अन्वय ठीक नहीं होता या फिर संज्ञा-विशेषण की संगति ठीक नहीं होती। लिखना-पढ़ना तो अधिकांश विद्यार्थियों को क ख से ही सीखना पड़ता है। प्रायः देखने में आता है कि ऐसे शिक्षार्थियों की बोलचाल की भाषा का प्रभाव उनके लिखने पर देखने को मिलता है। बोलचाल में कमज़ोर 'ह' का उच्चारण 'जा रहा है' को 'जारा ऐ' बना देता है। 'वह सो गया है' कई बार 'सोगा है' निकल कर आता है। अध्यापक के मार्गदर्शन के परिणाम-स्वरूप भाषा का ठीक स्वरूप उनके मस्तिष्क में धीरे धीरे उभरना शुरू होता है। औपचारिक शब्दवली उनके लिए सबसे बड़ी मुश्किल साबित होती है। जो शब्द उन्होंने पहले कभी बोलचाल में नहीं सुने थे उन शब्दों को हिन्दी के शब्दों के रूप में सुनना उन्हें अजीब सा लगता है।

विश्वविद्यालयों के बाहर समाज में जहां हिन्दी पढ़ाने के कार्यक्रम चलते हैं। इन कार्यक्रमों को प्रायः 'संडे स्कूल' के नाम से जाना जाता है। अधिकांश स्थानों पर लिपि सिखाने को ही हिन्दी सीखने का पर्याय मान लिया जाता है। कुछ स्थानों पर कुछ गीत वगैरह साथ सिखाए जाते हैं। अमरीका में ऐसा लगता है कि इन कार्यक्रमों की गुणवत्ता अब धीरे धीरे बढ़नी शुरू हुई है। विश्वविद्यालयों और 'संडे स्कूलों' के बीच सहयोग बढ़ रहा है ऑर एक दूसरे के अनुभव से दोनों लाभान्वित हो रहे हैं।

अगर माता-पिता घर में बच्चों के साथ अपनी पारंपरिक भाषा का प्रयोग करें तो उनके बच्चे सहज में ही अपनी भाषा सीख जाएंगे। भाषा अपने जीवित रूप में बालक के मस्तिष्क में उपस्थित हो तो बाद में लिपि सीखना तो बड़ी

आसान बात है। परंतु सुनना-समझना और बोलना यदि ठीक उमर में सीखने से चूक गए तो उसे बाद में उसी प्रवीणता के साथ सीखना असंभव हो जाता है।

इसमें कोई शक नहीं कि नए देश की भाषा को सीखना हर प्रवासी के लिए बहुत ज़रूरी है। परंतु प्रवासी भारतीय विशेषकर अंग्रेज़ी से आक्रान्त अपनी मानसिकता के कारण यह भूल जाता है कि मानव-मस्तिष्क में एक से अधिक भाषाएं समा सकती हैं और जो व्यक्ति जितनी अधिक भाषाएं जानता है वह आज की दुनिया में उतना अधिक सफल हो सकता है। अधिक भाषाएं जानने का मतलब है अधिक संस्कृतियों में घुसकर संपर्क स्थापित कर पाना। लोगों के साथ संप्रेषण तो किसी भी व्यवसाय या किसी भी परियोजना की सफलता के लिए पहला कदम है।

यह बड़े आश्चर्य की बात है कि कुछ लोग सोचते हैं कि एक से अधिक भाषाओं का सीखना उनके बच्चों के लिए हानिकारक हो सकता है और इसलिए वे अंग्रेज़ी जैसी महत्वपूर्ण भाषा के सामने अपनी भाषा की अवहेलना करने लगते हैं। इस दृष्टि से यह बहुत ज़रूरी है कि सामान्य व्यक्ति तक ये तथ्य पहुंचें कि शोध-सम्मत वैज्ञानिक स्थिति क्या है और किस प्रकार से एक से अधिक भाषाएं उनके लिए और उनके बच्चों के लिए सर्व-विध-सफलता के विविध द्वार खोल सकती हैं।

14. हिन्दी का वर्तमान और भविष्य

संख्या की दृष्टि से हिन्दी बोलने वालों की संख्या आज दुनिया में दूसरे स्थान पर है। हिन्दी-भाषी क्षेत्रों में रोज़मर्रा की आपसी बातचीत, घर से बाहर सब्ज़ी-फलादि ख़रीदना और दोस्ताना अनौपचारिक बातचीत में तो हिन्दी का प्रचुर प्रयोग होता ही है परन्तु इसके अलावा भी हिन्दी का प्रयोग बढ़ा है। बॉलीवुड और टीवी के मनोरंजक कार्यक्रमों में, हिन्दी समाचार-पत्र व पत्रिकाओं में, कवि-सम्मेलनों में, शिक्षा के अवर-स्तरीय भागों में, इंटरनेट पर तथा हिन्दी-प्रेमियों की संगोष्ठियों में हिन्दी का प्रयोग बड़े पैमाने पर बढ़ा है। इसके अतिरिक्त अन्य भाषा-क्षेत्रों में भी धीरे धीरे दो दृष्टियों से हिन्दी का वर्चस्व बढ़ रहा है – एक है भारत की सम्पर्क-भाषा के रूप में और दूसरा है बालीवुड का आनन्द उठा पाने के लिए। इन सबके अतिरिक्त आधुनिक युग की नई आवश्यकताओं को पूरा करने के लिए नए नए शब्दों के निर्माण से और दूसरी भाषाओं से अनेकानेक शब्द आत्मसात् करने से हिन्दी का कलेवर बढ़ा है और नए विचारों की अभिव्यक्ति सशक्त हुई है। ये सब हिन्दी की जीवंतता के शुभ लक्षण हैं।

अब इस मुद्दे का दूसरा पक्ष देखते हैं । हिन्दी-भाषी क्षेत्रों में ऐसे सामाजिक संदर्भ हैं जहां हिन्दी का प्रयोग हो सकता था लेकिन नहीं हो रहा या यूं कहिए कि बहुत सीमित प्रयोग हो रहा है। ऐसे संदर्भ हैं – बौद्धिक विषयों पर लिखित

व मौखिक व्यक्तिगत या संस्थान-गत चर्चा, कानूनी व्यवहार, राष्ट्रीय दस्तावेज़ों का निर्माण, विज्ञान व अन्य शैक्षिक विषयों में शोध लेख, दफ़्तरों में लिखित कार्यवाही और सामाजिक व राष्ट्रीय प्रतिष्ठा के अनेकानेक केन्द्र (उदाहरणतः उच्च शिक्षा प्रदान करने वाले विश्वविद्यालय व उनके समकक्ष आई आई टी और एम बी ए के लिए बिज़नेस स्कूलों जैसे संस्थान, दिल्ली में बुद्धिजीवियों के संगम-स्थल इंडिया इंटरनेशनल सेंटर जैसे संस्थान, रोटरी क्लब, जिमख़ाना क्लब जैसे मनोविनोद वाले स्थल तथा फ़ाइव स्टार होटल आदि)। उपर्युक्त सभी व्यवहार-क्षेत्र अधिकांशतः औपचारिक संदर्भ हैं और वहां अंग्रेज़ी प्रधान भाषा के रूप में काम कर रही है। बौद्धिक व इन सभी प्रतिष्ठाजनक व्यवहार-क्षेत्रों से सम्बद्ध होने के कारण अंग्रेज़ी की भारत में एक अभूतपूर्व प्रतिष्ठा बनी है।

उपर्युक्त औपचारिक संदर्भों में हिन्दी का प्रयोग काफ़ी कम है। इन औपचारिक संदर्भों की सीमा को पार करके अनौपचारिक व्यवहार में भी हिन्दी का प्रयोग कम हो रहा है। शिक्षित व्यक्तियों की भाषा में अंग्रेज़ी का अधिकाधिक प्रयोग है। अंग्रेज़ी में पूरी क्षमता न होने के कारण और समय समय पर अपनी भारतीय अस्मिता कायम करने के लिए ऐसे व्यक्तियों को बीच बीच में हिन्दी का सहारा लेना पड़ता है। इसके परिणाम-स्वरूप हिन्दी-अंग्रेज़ी का सम्मिश्रण एक नई अनौपचारिक भाषा के रूप में समाज में उभरा है। अंग्रेज़ी के प्रयोग से प्राप्त होने वाला सामाजिक सम्मान हिन्दी भाषियों की अवचेतना का एक महत्वपूर्ण अंग बन चुका है और इसी कारण अनेकानेक संदर्भों में केवल हिन्दी में बातचीत करना अस्वाभाविक-सा बन गया है। हिन्दी अंग्रेज़ी का सम्मिश्रण ही हिन्दी-भाषियों को अधिक स्वाभाविक प्रतीत होने लगा है।

उपर्युक्त दोनों पक्ष भारत में भाषा की स्थिति को उजागर करते हैं और उनका गहराई से विश्लेषण करने की आवश्यकता है। क्या इन दोनों पक्षों से संबंधित विचारों से कुछ ऐसी बातें निकल कर आती दिखती हैं जो भारत में हिन्दी-प्रयोग के भविष्य की स्थिति की ओर इशारा करती हों?

किसी भी समाज में कोई भी सामाजिक परिवर्तन तीन धाराओं का अनुसरण करता है। पहली धारा है कि समाज का पढ़ा-लिखा और प्रतिष्ठित तबका आज किस दिशा में जा रहा है। दूसरी धारा है कि बड़े बड़े नगरों के वासियों के व्यवहार की क्या दिशा है। और, तीसरी धारा है कि अगली पीढ़ी का क्या रवैया है। भाषागत व्यवहार की दृष्टि से ये तीनों इंगित आज हिन्दी बोलने, पढ़ने व लिखने में कटौती के सूचक हैं।

अगला प्रश्न यह है कि क्या हम समाज की इस प्रवहमान दिशा को बदल सकते हैं? उत्तर है कि क्योंकि इस व्यवहार का संबंध लोगों की मानसिकता से है इसलिए उसे बदलना आसान तो नहीं है। परन्तु इतिहास के पन्ने उलटने पर लगता है कि यह असंभव भी नहीं है। मानव इतिहास में कुछ इने गिने उदाहरण हैं जहां लोगों के मनोबल ने इतिहास की धारा बदल दी है। इज़राइल की राष्ट्रभाषा इसी मनश्शक्ति का परिणाम है।

विश्व के स्वतंत्र राष्ट्रों में उनकी अपनी अपनी भाषाएं जिस प्रकार से सम्मान के साथ प्रतिष्ठापित हैं उसी प्रकार से भारतीय भाषाएं भी अपना स्थान ग्रहण करें – इस लक्ष्य को सामने रखकर मैं सामाजिक भाषा-विज्ञान के सिद्धान्तों के आधार पर तीन सुझाव यहां प्रस्तुत कर रहा हूं। उन तीन सिद्धान्तों का उल्लेख करने से पहले यह स्पष्ट कर देना

आवश्यक है कि आज के भारत में अंग्रेज़ी की उपादेयता को ध्यान में रखते हुए उसे अपदस्थ करने की कल्पना तक करना गलत दिशा में प्रयास होगा। बल्कि मैं समझता हूं कि आने वाले समय में अंग्रेज़ी में भारतीयों की प्रवीणता को और अधिक सुदृढ़ करने की ज़रूरत है।

हिन्दी की स्थिति को सशक्त करने के लिए ये तीन सिद्धान्त संक्षेप में इस प्रकार हैं –

१. हिन्दी की उपादेयता को समाज में बढ़ाया जाए । जिस भाषा में रोटी देने की शक्ति होती है उसका प्रयोग और उसका विकास स्वयं ही होता है। हम जीवन में उन्हीं बातों को पुष्ट करते हैं जिनकी जीवन में ठोस आवश्यकता होती है।

२. हिन्दी और अंग्रेज़ी – इन दोनों भाषाओं में अपनी अपनी प्रवीणता को बढ़ाने के लिए यह अनिवार्य है कि हिन्दी-भाषी दोनों भाषाओं का सम्मिश्रण कम से कम करें । आज के सम्मिश्रण की स्थिति अंध-पंगु न्याय जैसी है। दोनों के सहारे से अधिकांश लोग किसी न किसी प्रकार अपना काम चला रहे हैं। एक ही भाषा में अपनी पूरी बात कहने के लिए अधिकांश लोग सक्षम नहीं हैं। जब एक भाषा में शब्द या वाक्य न सूझे तो दूसरी भाषा में कह दिया। ऐसा करने से एक ही भाषा में विकास के जो सुनहरे क्षण होते हैं उनको हम खो देते हैं। जहां हिन्दी बोलनी हो वहां हिन्दी बोलें और जहां अंग्रेज़ी बोलने की आवश्यकता हो वहां अंग्रेज़ी में ही बोलें। इससे दोनों भाषाओं का सहज विकास होगा। हिन्दी में विचारों की अभिव्यक्ति के लिए अंग्रेज़ी से जो जो शब्द लेने आवश्यक हों उनको हिन्दी से बाहर रखने का दुराग्रह न करें।

३. सामाजिक व राजनीतिक नेता और पढ़े-लिखे लोग कुछ आग्रह के साथ (लेकिन दुराग्रह के साथ नहीं) अपने

अनौपचारिक तथा औपचारिक संदर्भों में अधिक से अधिक हिन्दी का सहज प्रयोग करें। इन सभी प्रतिष्ठित जनों का प्रभाव बाकी के समाज पर पड़ना अवश्यंभावी है।

ये तीनों पग एक दीर्घकालीन समाधान की दिशा में हैं और इनके क्रियान्वयन के लिए सब अनुभवी चिन्तक इस विचार को आगे बढ़ाएं।